道理学理哲理・党的创新理论研究阐释丛书

董振华　主编

# 守正创新

王　易　著

# 目 录

总序 活学活用习近平新时代中国特色社会主义思想
　　　活的灵魂　/　i

绪　论　/　1

## 第一章　坚持守正创新是习近平新时代中国特色社会主义思想的世界观和方法论　/　9

一、守正创新是习近平新时代中国特色社会主义思想的显著标志　/　10

二、守正创新是辩证唯物主义和历史唯物主义方法论原则的重要体现　/　15

三、守正创新是党的思想路线的当代运用和发展　/　17

四、守正创新是实现马克思主义中国化新的飞跃的内在机理　/　19

五、守正创新是新时代坚持和发展中国特色社会主义的科学态度 ／ 21

# 第二章 在守正创新中开辟马克思主义中国化时代化新境界 ／ 26

一、马克思主义是我们立党立国、兴党兴国的根本指导思想 ／ 27

二、归根到底是马克思主义行，是中国化时代化的马克思主义行 ／ 37

三、习近平新时代中国特色社会主义思想实现了马克思主义中国化时代化新的飞跃 ／ 50

# 第三章 在守正创新中开辟科学社会主义新纪元 ／ 61

一、中国特色社会主义是科学社会主义，不是别的什么主义 ／ 62

二、中国特色社会主义是科学社会主义理论逻辑和中国社会发展历史逻辑的辩证统一 ／ 72

三、坚持道不变、志不改，既不走封闭僵化的老路，也不走改旗易帜的邪路 ／ 83

# 目 录

**第四章 在守正创新中开辟百年大党自我革命新境界** / 95

一、坚持党的全面领导是国家和民族兴旺发达的根本所在 / 96

二、自我革命是我们党跳出历史周期率的"第二个答案" / 107

三、深入推进新时代党的建设新的伟大工程,以党的自我革命引领社会革命 / 123

**第五章 在守正创新中实现中华优秀传统文化新发展** / 137

一、坚守中华文化立场 / 138

二、坚持创造性转化、创新性发展 / 147

三、把马克思主义思想精髓同中华优秀传统文化精华贯通起来、同人民群众日用而不觉的共同价值观念融通起来 / 157

# 第六章　在守正创新中以中国式现代化全面推进中华民族伟大复兴　/ 172

一、坚持守正创新使党始终成为风雨来袭时全体人民最可靠的主心骨　/ 173

二、坚持守正创新把中国发展进步的命运牢牢掌握在自己手中　/ 184

三、坚持守正创新让现代化建设成果更多更公平惠及全体人民　/ 195

四、坚持守正创新不断增强中国式现代化建设的动力和活力　/ 204

五、坚持守正创新依靠顽强斗争打开事业发展新天地　/ 215

后　记　/ 225

## 总　序
## 活学活用习近平新时代中国特色社会主义思想活的灵魂

　　党的二十大报告指出："马克思主义是我们立党立国、兴党兴国的根本指导思想。实践告诉我们，中国共产党为什么能，中国特色社会主义为什么好，归根到底是马克思主义行，是中国化时代化的马克思主义行。拥有马克思主义科学理论指导是我们党坚定信仰信念、把握历史主动的根本所在。"习近平新时代中国特色社会主义思想是当代中国马克思主义、21世纪马克思主义，是中华文化和中国精神的时代精华，实现了马克思主义中国化新的飞跃。用习近平新时代中国特色社会主义思想武装头脑、指导实践、推动工作，是做好一切工作的重要前提。学懂弄通做实习近平新时代中国特色社会主义思想，至关重要的是要系统掌握贯穿于这一科学理论中的世界观和方法论，用以指导解决改造客观世界和主观世界的实际问题，不断推进和拓展中国式现代化。

## 一、坚持格物致知，不仅要知其然，更要知其所以然

真学、真懂、真信、真用习近平新时代中国特色社会主义思想，不仅要知其然，更要知其所以然。这个"所以然"，最主要的就是习近平新时代中国特色社会主义思想所蕴含的马克思主义基本立场观点方法。如果不能够完整、系统、深刻地把握习近平新时代中国特色社会主义思想所蕴含的马克思主义立场观点方法，那么，我们就不能真正领悟21世纪马克思主义的精髓要义，也就不能够活学活用习近平新时代中国特色社会主义思想，并以此指导实践和推动工作。

作为当代中国马克思主义、21世纪马克思主义，习近平新时代中国特色社会主义思想既坚守了马克思主义的基本立场观点方法，与马克思列宁主义、毛泽东思想、邓小平理论、"三个代表"重要思想、科学发展观一脉相承，又坚持和运用马克思主义的立场观点方法观察时代、分析问题和解决问题，提出一系列治国理政新理念新思想新战略，实现了马克思主义中国化时代化新的飞跃。深入理解和把握习近平新时代中

国特色社会主义思想，不能浅尝辄止，必须坚持格物致知，做到知其然更知其所以然，既要搞清楚其一脉相承的"脉"，也要搞清楚其与时俱进的"进"。唯有如此，我们才可以从根本上把握好推进马克思主义中国化时代化的守正创新之道。马克思主义是非常朴实的道理，其核心价值追求就是人类解放，其基本内在逻辑就是唯物辩证法，其首要基本观点就是实践观点，三者共同统一于共产党人造福人民的伟大革命实践中。

马克思主义一脉相承的"脉"，是马克思主义唯物辩证法的逻辑和追求人类解放的价值在具体历史实践中的统一，是马克思主义具体历史形态和民族形态"万变不离其宗"的"道理"，也就是马克思主义的基本立场观点方法。与时俱进的"进"是针对具体时代课题，坚持马克思主义的基本立场观点方法，创造性地分析和解决具体问题得出的具体结论。这些具体结论虽然具有一定的历史性、民族性、条件性等具体适用性，但是其中的基本价值、内在逻辑和理论品格是一以贯之的，万变而不离其宗。如果离开这个"道理"，就是离经叛道，无论是打着创新或者发展的名义还是其他什么口号，实际上都是背离、背叛或者歪曲了马克思主义。

马克思主义从来都不是抽象的理论，而是具体的、鲜活的和发展的理论。习近平新时代中国特色社会主义思想，作为马克思主义中国化的最新成果、当代中国马克思主义、21世纪马克思主义，遵循马克思主义人类解放的核心价值、唯物辩证法的基本逻辑、直面问题的实践观点，坚持人民至上的根本立场，坚持守正创新的与时俱进，坚持自信自立的独立自主，坚持问题导向的实践观点，坚持系统观念的思想方法，坚持胸怀天下的人类情怀，把辩证唯物论、唯物辩证法和人民价值论统一到中国特色社会主义伟大实践之中，立足于中国特色社会主义进入新时代的历史方位，基于我国社会主要矛盾变化所带来的一系列新的时代课题，具体问题具体分析，创造性地解决实际问题，旨在实现社会主义现代化和中华民族伟大复兴的中国梦，在改革发展稳定、内政外交国防、治党治国治军等方方面面提出一系列新的思路、新的战略、新的举措，形成了完整系统的科学理论体系，开辟了马克思主义的新境界。

## 二、坚持得意忘言，不仅要知其言，更要知其义

世界观和方法论是统一的，有什么样的世界观，

就有什么样的方法论。正如毛泽东同志所指出的,"世界本来是发展的物质世界,这是世界观;拿了这样的世界观转过来去看世界,去研究世界上的问题,去指导革命,去做工作,去从事生产,去指挥作战,去议论人家长短,这就是方法论,此外并没有别的什么单独的方法论"。把马克思主义的世界观用于认识和改造世界,就是马克思主义的方法论。习近平新时代中国特色社会主义思想,坚持马克思主义立场观点方法和科学社会主义基本原理,把马克思主义基本原理与中国具体实际相结合、与中华优秀传统文化相结合,坚持人民至上、自信自立、守正创新、问题导向、系统观念、胸怀天下,全面系统回答了新时代坚持和发展中国特色社会主义的一系列重大理论和实践问题,为马克思主义中国化时代化作出了原创性贡献,为我们党和人民认识世界、改造世界提供了强大思想武器,是坚持和运用辩证唯物主义和历史唯物主义的光辉典范。《庄子·外物》有言:"言者所以在意,得意而忘言。"把握好习近平新时代中国特色社会主义思想的世界观和方法论,必须坚持得意忘言,不仅要知其言,更要知其义。

把握好习近平新时代中国特色社会主义思想的世界观和方法论,就要牢牢把握贯穿其中的根本价值立场。人类解放是马克思主义的核心价值追求，人民立场是中国共产党的根本政治立场。人民性是马克思主义的本质属性，作为马克思主义执政党，我们的理论和实践都必须要扎根人民、为了人民、造福人民。坚持人民至上，是习近平新时代中国特色社会主义思想的价值原点，充分体现了马克思主义的核心价值追求，包含了对中国特色社会主义价值取向、发展动力的科学回答和阐述，是对马克思主义唯物史观的创造性运用。坚持自信自立，就要一切为了人民、一切依靠人民，既不走封闭僵化的老路，也不走改旗易帜的邪路，坚定不移走共同富裕的中国式现代化之路。坚持守正创新，就要站稳人民立场、把握人民愿望、尊重人民创造、集中人民智慧，形成为人民所喜爱、所认同、所拥护的理论。坚持问题导向，就要着力解决发展不平衡不充分问题和人民群众急难愁盼问题，推动人的全面发展、全体人民共同富裕取得更为明显的实质性进展。坚持系统观念，就要将广大人民群众的根本利益、全局利益、长远利益作为着力点，以满足人民日益增长的美好生活需要为根本目的进行战略谋划和系统推进。坚持胸怀天下，就不仅要为中国人民谋幸福、为中华民族谋复兴，也要为人类谋进步、为世界谋大同，充分体现马克思主义解放人类的价值理想。

总　序

　　把握好习近平新时代中国特色社会主义思想的世界观和方法论，就要牢牢把握贯穿其中的唯物辩证法。唯物辩证法是我们观察世界、判断形势、认识问题的基本方法，也是习近平新时代中国特色社会主义思想所贯穿的根本方法论。习近平总书记指出："唯物辩证法认为，事物是普遍联系的，事物及事物各要素相互影响、相互制约，整个世界是相互联系的整体，也是相互作用的系统。坚持唯物辩证法，就要从客观事物的内在联系去把握事物，去认识问题、处理问题。"坚持人民至上，就要统筹兼顾全局和局部、当前和长远、重点和非重点等各个方面的利益关系，让发展的成果更加全面、更加公平、更加长久地惠及全体人民。坚持自信自立，就要坚持和运用马克思主义的立场观点方法独立自主地解决自己的问题，把国家和民族发展放在自己力量的基点上，充分体现马克思主义具体问题具体分析的活的灵魂。坚持守正创新，就要坚持守正和创新辩证统一，既要守马克思主义基本立场观点方法之"正"，又要创中国化时代化的马克思主义之"新"，既确保正确方向，又不封闭僵化。坚持问题导向，就要承认矛盾的普遍性、客观性，要善于把认识和化解矛盾作为打开工作局面的突破口。坚持系统观念，就要善于通过历史看现实、透过现象看本质，把握好全局和局部、当前和长远、宏观和微观、主要矛盾和次要矛盾、特殊和一般的关系，不断提高战略思维、历史思维、辩证思维、系统思维、创新思维、法治思维、底线思维能力，为前瞻性思考、全局性谋划、整体性推进党和国家各项事业提供科学思想方法。坚持胸怀天下，就必须统筹国内国际两个大局，既要为我国改革发展稳定争取良好外部条件，又要维护世界和平稳定、促进共同发展，共同创造人类的美好未来。

把握好习近平新时代中国特色社会主义思想的世界观和方法论，就要牢牢把握贯穿其中的实践观点。实践的观点、生活的观点是马克思主义首要的基本的观点，实践性是马克思主义理论区别于其他理论的显著特征。习近平新时代中国特色社会主义思想同样具有实践性、时代性、创造性的鲜明品格，是从新时代中国特色社会主义全部实践中产生的理论结晶，是推动新时代党和国家事业不断向前发展的科学指南。坚持人民至上，不是抽象的而是具体的、实践的，必须坚持全心全意为人民服务，始终致力于改善民生、增进人民福祉、为人民谋幸福，将实现最广大人民的根本利益作为党一切行动的出发点和落脚点。坚持自信自立，就要坚定中国特色社会主义道路自信、理论自信、制度自信、文化自信，在中国特色社会主义的伟大实践中不断提高我国社会生产力发展水平和人民生活水平，使我国社会主义制度的优越性不断显现和丰富起来，使中国特色社会主义道路越走越宽广。坚持守正创新，就要坚持对马克思主义的坚定信仰、对中国特色社会主义的坚定信念，以更加积极的历史担当和创造精神，为坚持、发展和运用马克思主义作出新的贡献。坚持问题导向，就要增强问题意识，聚焦实践遇到的新问题、改革发展稳定存在的深层次问题、人民群众急难愁盼问题、国际变局中的重大问题、党的建设面临的突出问题，不断提出真正解决问题的新理念新思路新办法。坚持系统观念，必须统筹兼顾、综合施策，既以目标为着眼点，又以问题为着力点，加强前瞻性思考、全局性谋划、战略性布局、整体性推进，统筹推进"五位一体"总体布局、协调推进"四个全面"战略布局，更好推动党和国家事业发展。坚持胸怀天下，就要始终坚持维护和平、促进共同发展的外交政策宗旨，以实际行动致力于推动构建人类命运共同体。

　　实践没有止境，理论创新也没有止境。我们要突破前人，后人也必然会突破我们，这是社会前进的必然规律。马克思主义是随着时代、实践、科学发展而不断发展的开放的理论体系，它并没有结束真理，而是开辟了通向真理的道路。中国特色社会主义还会往前走，还会有很多新的理论、新的发展，我们要把坚持马克思主义和发展马克思主义统一起来，结合新的实践不断作出新的理论创造。学习贯彻习近平新时代中国特色社会主义思想党的创新理论，就要深刻理解把握其世界观和方法论，坚持好、运用好贯穿其中的立场观点方法，深入领会坚持人民至上、坚持自信自立、坚持守正创新、坚持问题导向、坚持系统观念、坚持胸怀天下的道理学理哲理，做到知其言更知其义，切实把党的创新理论贯彻落实到党和国家工作各方面全过程。

## 三、坚持知行合一，不仅要知其道，更要行其道

"知而不行，只是未知。"理论武装归根到底是为了掌握科学方法，有效解决问题。我们坚持以马克思主义为指导，是要运用其科学的世界观和方法论解决中国的问题，而不是要背诵和重复其具体结论和词句，更不能把马克思主义当成一成不变的教条。毛泽东同志在《整顿党的作风》中指出：我们"不应当把马克

思主义的理论当成死的教条。对于马克思主义的理论，要能够精通它、应用它，精通的目的全在于应用"。坚持用中国化时代化的马克思主义武装头脑、指导实践、推动工作，落脚点在指导实践、推动工作；学懂弄通做实，落脚点在做实。我们要牢记空谈误国、实干兴邦的道理，坚持知行合一，不仅要知其道，更要行其道，坚持科学的世界观和方法论，系统推进和拓展中国式现代化。

处理好顶层设计和实践探索的关系。推进中国式现代化涉及政治、经济、社会、文化、生态等各个领域，事关改革、发展、稳定等根本问题，涵盖治党治国治军、内政外交国防等方方面面，各个方面的关系纷繁复杂，往往牵一发而动全身，因此必须进行顶层设计，深刻洞察世界发展大势，准确把握人民群众的共同愿望，深入探索经济社会发展规律，使制定的规划和政策体系体现时代性、把握规律性、富于创造性，做到远近结合、上下贯通、内容协调。推进中国式现代化是一个探索性事业，还有许多未知领域，需要我们在实践中大胆探索，通过改革创新来推动事业发展，决不能刻舟求剑、守株待兔。既要通过顶层设计进行系统谋划、战略布局和整体推进，又要调动一切积极因素从而群策群力、积极探索和创新实践，使顶层设计与基层探索良性互动、有机结合，形成历史合力。

处理好战略和策略的关系。战略问题是一个政党、一个国家的根本性问题。中国式现代化必须坚持正确的战略方向，在根本问题上决不能出现颠覆性错误。推进中国式现代化，要增强战略的前瞻性，准确把握事物发展的必然趋势，敏锐洞悉前进道路上可能出现的机遇和挑战，以科学的战略预见未来、引领未来。要增强战略的全局性，谋划战略目标、制定战略举措、作出战略部署，都要着眼于解决事关党和国家事业兴衰成败、牵一发而动全身的重大问题。我们要增强战略的稳定性，战略一经形成，就要长期坚持、一抓到底、善作善成，不要随意改变。中国式现代化是一项伟大的具体的历史实践，必须在策略问题上落到实处，决不能纸上谈兵。我们要把战略的坚定性和策略的灵活性结合起来，灵活机动、随机应变、临机决断，在因地制宜、因势而动、顺势而为中把握战略主动。

处理好守正和创新的关系。"守正"，即坚持马克思主义基本原理不动摇，坚持党的全面领导不动摇，坚持中国特色社会主义不动摇，守好中国式现代化的本和源、根和魂，毫不动摇坚持中国式现代化的中国特色、本质要求、重大原则，确保中国式现代化的正确方向。"创新"，即顺应时代发展要求，着眼于解决重大理论和实践问题，积极识变应变求变，大力推进改革创新，提出新的思路、新的战略、新的举措，不断塑造发展新动能新优势，充分激发全社会创造活力。中国式现代化是前无古人的伟大事业，守正才能不迷失方向、不犯颠覆性错误，创新才能把握时代、引领时代。

处理好效率和公平的关系。中国式现代化是全体人民共同富裕的现代化，这是由社会主义的根本价值追求所决定的。以中国式现代化全面推进中华民族伟大复兴，我们必须坚持以人民为中心的发展思想，维护人民根本利益，增进民生福祉，推动全体人民共同富裕取得更为明显的实质性进展。中国式现代化既要创造比资本主义更高的效率，又要更有效地维护社会公平，更好实现效率与公平相兼顾、相促进、相统一。我们要处理好效率与公平的关系，不断实现发展为了人民、发展依靠人民、发展成果由人民共享，让现代化建设成果更多更公平惠及全体人民。

处理好活力与秩序的关系。中国式现代化，应该既充满活力又拥有良好秩序，呈现出活力和秩序的有机统一。秩序代表着社会的有序、和谐与稳定，而活力则蕴含社会生活的丰富多样性，是社会各群体创造力的竞相迸发和个人潜力的充分发挥，体现了人类社会进步的动力与人类文明的可持续性。这是需要我们通过深化改革与社会公平的激励机制来实现的，从而最大限度地增加和谐因素，最大限度地减少不和谐因素，最大限度地激发社会活力。同时，我们要统筹发展和安全，贯彻总体国家安全观，健全国家安全体系，增强维护国家安全能力，坚定维护国家政权安全、制度安全、意识形态安全和重点领域安全，确保发展的稳定环境。

习近平新时代中国特色社会主义思想，蕴含着丰富的马克思主义哲学智慧。习近平新时代中国特色社会主义思想，坚持马克思主义立场观点方法和科学社会主义基本原理，把历史和现实、理论和实践、国内和国际相结合相贯通，思接千载、视通万里，洞察和分析世情、国情、党情的深刻变化，全面系统回答了新时代坚持和发展中国特色社会主义的一系列重大理论和实践问题，集中体现了这一思想在马克思主义基本原理与中国具体实际相结合上的又一次飞跃，为发展马克思主义作出了原创性贡献，为我们党和人民认识世界、改造世界提供了强大思想武器，是坚持和运用辩证唯物主义和历史唯物主义的光辉典范。党员、干部特别是领导干部要认真学习和真正掌握其中所蕴含的马克思主义立场观点方法，不断提高运用中国化时代化的马克思主义分析和解决实际问题的能力，自觉用习近平新时代中国特色社会主义思想武装头脑、统一思想，凝聚力量、推动实践，以中国式现代化实现中华民族伟大复兴，真正创造出属于我们这一代人的新的奇迹。

这是一个需要理论而且能够产生理论的时代，是一个呼唤创新而且能够创新的时代，是一个能够追求真理和实践真理的时代。中国特色社会主义是前无古人的伟大事业，坚持和发展中国特色社会主义是永无止境的伟大实践，不断开辟马克思主义中国化时代化新境界和中国特色社会主义事业新局面是中国共产党人的神圣使命。我们要以科学的态度对待科学、以真理的精神追求真理，继续推进实践基础上的理论创新，把握好习近平新时代中国特色社会主义思想的世界观和方法论，坚持好、运用好贯穿其中的立场观点方法，在伟大实践中充分彰显真理的力量。作为理论工作者，系统阐释习近平新时代中国特色社会主义思想活的灵魂和精髓要义，是我们义不容辞的责任和神圣使命担当。我们深深呼吸着伟大的时代气息，怀着强烈的使命感和责任感，约请理论界知名专家学者共同研究这一重大课题，以"道理学理哲理·党的创新理论研究阐释"为主题组织编写了这套丛书，以期通过全面深

守正创新

刻系统学习领悟二十大精神和活学活用习近平新时代中国特色社会主义思想的活的灵魂,为坚定理想信念、掌握科学方法、凝聚磅礴伟力、推进伟大事业,尽一份绵薄之力。

董振华

中央党校(国家行政学院)哲学教研部副主任、教授

# 绪　论

习近平总书记在党的二十大报告中指出："继续推进实践基础上的理论创新，首先要把握好新时代中国特色社会主义思想的世界观和方法论，坚持好、运用好贯穿其中的立场观点方法。"① 二十大报告首次把"坚持守正创新"突出地提到全党面前，明确为习近平新时代中国特色社会主义思想的世界观和方法论，并创造性地赋予守正创新在当前和今后一个时期党和国家各项事业改革发展中的指导意义。坚持守正创新不仅是我们党坚持和发展马克思主义的必然要求，更是新时代新征程上将中国特色社会主义伟大事业不断推向前进的必然选择。深入学习领会守正创新的理论意义和实践价值，不断增强守正创新的自觉性和坚定性，才能乘势而上，更好地为全面建设社会主义现代化国家而团结奋斗。

---

① 习近平：《高举中国特色社会主义伟大旗帜　为全面建设社会主义现代化国家而团结奋斗——在中国共产党第二十次全国代表大会上的报告》，人民出版社2022年版，第18—19页。

准确把握守正创新在习近平新时代中国特色社会主义思想中的理论地位，是坚持好、运用好贯穿其中的立场观点方法的基本前提。习近平新时代中国特色社会主义思想内容严整、逻辑严密，是在系统概括新时代以来党的全部理论和实践主题基础上形成的"一块整钢"，守正创新作为世界观和方法论贯穿其中，发挥着提纲挈领的关键作用。这意味着，坚持好、运用好这一理解习近平新时代中国特色社会主义思想的"金钥匙"，必须科学勘定守正创新的理论地位，把准弄清守正创新的内涵外延。深入理论体系内部，厘清守正创新的精神实质和根本要求，就要阐明守正创新是习近平新时代中国特色社会主义思想的显著标志，明确其在新时代党和国家各项事业中所具有的普遍性指导意义；阐明守正创新是辩证唯物主义和历史唯物主义方法论原则的重要体现，是根植于马克思主义哲学理论沃土的理论创新典范；阐明守正创新是党的思想路线的当代运用和发展，明确实事求是是守正之"本"，"与时俱进"是创新之源；阐明守正创新是实现马克思主义中国化新的飞跃的内在机理，是坚持马列主义"老祖宗"、传承中华优秀传统文化"根和脉"的立论依据；阐明守正创新是坚持中国特色社会主义不动摇、一以贯之坚持和发展中国特色社会主义的科

绪 论

学态度。具体来说:

第一,在守正创新中开辟马克思主义中国化时代化新境界,是继续推进实践基础上的理论创新的应有之义。不断谱写马克思主义中国化时代化新篇章,是当代中国共产党人的庄严历史责任。坚持守正创新,既是我们党不断推进马克思主义中国化时代化的历史经验之一,也是确保马克思主义永葆生命力的关键所在。中国共产党在守正创新中用马克思主义解决中国道路发展中遇到的各类问题,也必然在马克思主义的指导下继续推进实践基础上的理论创新。一方面,要守牢马克思主义指导地位不动摇,明确马克思主义是我们立党立国、兴党兴国的根本指导思想,明确拥有马克思主义科学理论指导是我们党坚定信仰信念、把握历史主动的根本所在。另一方面,要不断推进马克思主义中国化时代化,用马克思主义观察时代、解读时代、引领时代,将对"归根到底是马克思主义行,是中国化时代化的马克思主义行"① 的理解引向深入。其中,习近平新时代中国特色社会主义思想坚持马克思主义基本原理同中国具体实际相结合、同中华优秀

---

① 习近平:《高举中国特色社会主义伟大旗帜 为全面建设社会主义现代化国家而团结奋斗——在中国共产党第二十次全国代表大会上的报告》,人民出版社2022年版,第16页。

传统文化相结合，实现了马克思主义中国化时代化新的飞跃，是中国共产党在守正创新中坚持和发展马克思主义的生动典范。要持续深入学习领会习近平新时代中国特色社会主义思想的世界观和方法论，使其在中国大地上展现出更为强大的真理力量。

第二，在守正创新中开辟科学社会主义新纪元，是推动世界社会主义走向振兴的必由之路。科学社会主义是马克思主义的重要组成部分，是指导无产阶级解放的科学理论，体现了无产阶级和广大人民群众的根本利益。中国特色社会主义是科学社会主义在当代中国发展的创新形态，是科学社会主义理论逻辑和中国社会发展历史逻辑的辩证统一，既体现了守正的基本要求，又赋予了科学社会主义以创新内涵。守正就是要守方向、守立场，坚持道不变、志不改，守科学社会主义之正，既不走封闭僵化的老路，也不走改旗易帜的邪路。进入新时代，以习近平同志为核心的党中央，坚守科学社会主义本色，坚持把马克思主义基本原理同中国具体实际相结合、同中华优秀传统文化相结合，勇于进行理论探索和创新，系统回答了新时代坚持和发展什么样的中国特色社会主义、怎样坚持和发展中国特色社会主义等重大时代课题，坚持走自己的路，以中国式现代化推进中华民族伟大复兴，科

## 绪 论

学回答了中国之问、世界之问、人民之问、时代之问，为解决人类发展问题贡献了中国智慧和中国方案，使科学社会主义在 21 世纪的中国焕发出新的蓬勃生机。站在新的历史起点上的中国，已经成为屹立在世界东方的社会主义高地。推动世界社会主义走向振兴，必须以科学社会主义为前提，以守正创新为基础，坚持在守正创新中走好中国道路、筑牢理想信念、把握全面深化改革的正确方向，用脚踏实地的行动续写世界社会主义运动的历史新篇章。

第三，在守正创新中开辟百年大党自我革命新境界，是确保中国共产党永葆旺盛生命力和强大战斗力以实现长期执政的内在需要。自我革命问题是政党建设中刀刃向内的内生性命题，是否有能力持续进行彻底有效的自我革命直接影响政党能否生存。中国共产党坚持守正创新推进自我革命，牢牢坚守党的性质宗旨、理想信念、初心使命不动摇，锻造了自我革命的强大能力，形成了自我净化、自我完善、自我革新、自我提高的自我革命精神，同时以新的理念、思路、办法、手段解决好党内存在的各种矛盾和问题，不断提高自我革命实效。坚持守正，既要淬炼党性，保持党的先进性和纯洁性，保证党坚定政治方向不偏移、坚定理想信念不变色、坚持制度治党不懈怠，也要毫不动摇坚持和加强党的全面领导，坚决维护党的核心和党中央权威，保证全党在思想上更加统一、政治上更加团结、行动上更加一致；坚持创新，不仅要从时代的高度深刻把握推进自我革命对跳出历史周期率、营造党内清新爽朗的政治生态环境、实现党长期执政的重大意义，更要适应于新时代新征程党和国家事业发展，深入推进新时代党的建设新的伟大工程，以党的自我革命引领社会革命，把党的伟大自我革命进行到底。

第四，在守正创新中实现中华优秀传统文化新发展，是中华民族在世界文化激荡中站稳脚跟的必然之举。中华优秀传统文化是中华民族的"根"和"魂"，只有传承、丰富、创新和发展中华文明的智慧结晶和精神精华，才能使中华优秀传统文化在世界文化激荡中独树一帜、站稳脚跟。守中华优秀传统文化之正，就是要坚守中华文化立场，赓续中华民族的精神血脉，促进中华文明传承不绝、绵延不断。激活中华优秀传统文化的生命力，要坚持推动中华优秀传统文化创造性转化、创新性发展，不仅要结合时代要求加强对中华民族文化基因的挖掘、转换和阐发，也要鉴别、激活并传播蕴含于其中的跨越时空、超越国界、富有永恒魅力、具有当代价值的文化要素，在世界文化体系中呈现中华优秀传统文化的独有风韵。筑牢中华文明更基本、更深沉、更持久的力量，要提升全民族的文化自信，坚持把马克思主义思想精髓同中华优秀传统文化精华贯通起来、同人民群众日用而不觉的共同价值观念融通起来，深刻把握中华优秀传统文化中天人合一的宇宙观、天下为公的天下观、和而不同的社会观、人心和善的道德观，同科学社会主义人与自然和谐共生的价值观主张、全人类解放的价值观主张、真正的共同体价值观主张、真正的人的道德价值观主张的高度契合性。

第五，在守正创新中以中国式现代化全面推进中华民族伟大复兴，是走好实现第二个百年奋斗目标新的"赶考"之路的现实要求。中国共产党团结带领全体人民，兼顾各国现代化共同特征和中国具体实际，探索和孕育了中国式现代化，推动中华民族伟大复兴进入不可逆转的历史进程。中国式现代化不是照搬照抄或因循守旧，而是党和人民坚持守正创新，不断深化、丰富对建设社会主义现代化国家的理论认识和实践方略的结果。奋进全面建设社会主义现代化国家新征程，仍然要将守正创新作为推进中国式现代化的理论和实践基点。要坚持守正创新，坚守马克思主义政党的政治本色，用党的创新理论武装全党，不断提高党在现代化建设中应对风险挑战的能力水平,使党始终成为风雨来袭时全体人民最可靠的主心骨;要守好现代化道路探索的主动权,在创新发展中走更高水平的自力更生之路,把中国发展进步的命运牢牢掌握在自己手中;要坚守推进全体人民共同富裕这一社会主义的本质要求,创新以共建、共治、共享为基础的社会治理模式,让现代化建设成果更多更公平惠及全体人民;要保持改革开放的战略定力,深入推进改革创新,坚定不移扩大开放,不断增强中国式现代化建设的动力和活力;要守好全党全国各族人民的志气、骨气、底气,勇于进行具有许多新的历史特点的伟大斗争,依靠顽强斗争打开事业发展新天地。

# 第一章　坚持守正创新是习近平新时代中国特色社会主义思想的世界观和方法论

习近平总书记在党的二十大报告中指出："不断谱写马克思主义中国化时代化新篇章，是当代中国共产党人的庄严历史责任。继续推进实践基础上的理论创新，首先要把握好新时代中国特色社会主义思想的世界观和方法论，坚持好、运用好贯穿其中的立场观点方法。"[①] 党的二十大报告首次把"坚持守正创新"明确为习近平新时代中国特色社会主义思想的世界观和方法论，创造性地揭示了"坚持守正创新"在习近平新时代中国特色社会主义思想中的显著理论地位。"我们从事的是前无古人的伟大事业，守正才能不迷失方向、不犯颠覆性错误，创新才能把握时代、引领时代。我们要以科学的态度对待科学、以真理的精神追求真

---

① 习近平：《高举中国特色社会主义伟大旗帜　为全面建设社会主义现代化国家而团结奋斗——在中国共产党第二十次全国代表大会上的报告》，人民出版社2022年版，第18—19页。

理,坚持马克思主义基本原理不动摇,坚持党的全面领导不动摇,坚持中国特色社会主义不动摇,紧跟时代步伐,顺应实践发展,以满腔热忱对待一切新生事物,不断拓展认识的广度和深度,敢于说前人没有说过的新话,敢于干前人没有干过的事情,以新的理论指导新的实践。"[①] 坚持守正创新,深刻揭示了习近平新时代中国特色社会主义思想的理论品格和鲜明特质,是习近平新时代中国特色社会主义思想的精髓要义,是深刻理解这一科学思想所要牢牢把握的基本点,也是继续推进理论创新所必须坚持的基本点。

## 一、守正创新是习近平新时代中国特色社会主义思想的显著标志

守正创新,是习近平新时代中国特色社会主义思想的精髓,是坚持和发展马克思主义的本质要求。党的十八大以来,习近平总书记在多个场合、多次发言中使用并阐发关于守正创新的科学认识。守正创新成为习近平新时代中国特色社会主义思想的重要范畴,

---

① 习近平:《高举中国特色社会主义伟大旗帜 为全面建设社会主义现代化国家而团结奋斗——在中国共产党第二十次全国代表大会上的报告》,人民出版社2022年版,第20页。

### 第一章　坚持守正创新是习近平新时代中国特色社会主义思想的世界观和方法论

是习近平新时代中国特色社会主义思想的显著标志。

2018年12月10日，习近平总书记致信纪念《世界人权宣言》发表70周年座谈会，要求"我国人权研究工作者要与时俱进、守正创新，为丰富人类文明多样性、推进世界人权事业发展作出更大贡献"①。2019年3月4日，在全国政协十三届二次会议的文化艺术界、社会科学界委员联组会上，习近平总书记强调："文化文艺界、哲学社会科学界紧紧围绕举旗帜、聚民心、育新人、兴文化、展形象的使命任务，明方向、正导向，转作风、树新风，出精品、育人才，在正本清源上展现新担当，在守正创新上实现新作为，马克思主义指导地位更加巩固，为人民创作的导向更加鲜明，文化文艺创作生产质量不断提升，中国特色哲学社会科学建设加快推进，取得了显著成绩。"② 2019年3月18日，在学校思想政治理论课教师座谈会上，习近平总书记指出："我们通过守正创新形成了中国特色社会主义理论体系，守正就不能偏离马克思主义、社会主义，但不是刻舟求剑，还要往前发展、与时俱进，否则就是僵化的、陈旧的、过时的。思政课建设长期

---

① 习近平：《坚持走符合国情的人权发展道路　促进人的全面发展》，《人民日报》2018年12月11日。
② 习近平：《坚定文化自信把握时代脉搏聆听时代声音　坚持以精品奉献人民用明德引领风尚》，《人民日报》2019年3月5日。

以来形成的一系列规律性认识和成功经验,为思政课建设守正创新提供了重要基础。"①2019年5月14日,习近平总书记在同希腊总统帕夫洛普洛斯会谈时指出:"中华民族是守正创新的民族。中华文明绵延传承至今从未中断,从不具有排他性,而是在包容并蓄中不断衍生发展。"② 2019年10月25日,习近平总书记对中医药工作作出重要指示,并强调"要遵循中医药发展规律,传承精华,守正创新,加快推进中医药现代化、产业化,坚持中西医并重,推动中医药和西医药相互补充、协调发展,推动中医药事业和产业高质量发展,推动中医药走向世界,充分发挥中医药防病治病的独特优势和作用,为建设健康中国、实现中华民族伟大复兴的中国梦贡献力量"③。2020年9月1日,在中央全面深化改革委员会第十五次会议上,习近平总书记强调:"要加强改革前瞻性研究,把握矛盾运动规律,守正创新、开拓创新,更加积极有效应对不稳定不确定因素,增强斗争本领,拓展政策空间,提升制度张力。"④

---

① 习近平:《思政课是落实立德树人根本任务的关键课程》,《求是》2020年第17期。
② 《习近平同希腊总统帕夫洛普洛斯会谈》,《人民日报》2019年5月15日。
③ 习近平:《传承精华守正创新 为建设健康中国贡献力量》,《人民日报》2019年12月26日。
④ 《推动更深层次改革实行更高水平开放 为构建新发展格局提供强大动力》,《人民日报》2020年9月2日。

## 第一章 坚持守正创新是习近平新时代中国特色社会主义思想的世界观和方法论

2020年10月14日,在深圳经济特区建立40周年庆祝大会上,习近平总书记指出:"深圳经济特区要扛起责任,牢牢把握正确方向,解放思想、守正创新,努力在重要领域推出一批重大改革措施,形成一批可复制可推广的重大制度创新成果。"①

2021年7月1日,在庆祝中国共产党成立100周年大会上,习近平总书记指出:"为了实现中华民族伟大复兴,中国共产党团结带领中国人民,自信自强、守正创新,统揽伟大斗争、伟大工程、伟大事业、伟大梦想,创造了新时代中国特色社会主义的伟大成就。"② 2021年11月11日,中国共产党第十九届中央委员会第六次全体会议审议通过了《中共中央关于党的百年奋斗重大成就和历史经验的决议》,一致认为:"一百年来,党领导人民浴血奋战、百折不挠,创造了新民主主义革命的伟大成就;自力更生、发愤图强,创造了社会主义革命和建设的伟大成就;解放思想、锐意进取,创造了改革开放和社会主义现代化建设的伟大成就;自信自强、守正创新,创造了新时代中国特色社会主义的伟大成就。党和人民百年奋斗,书写

---

① 习近平:《在深圳经济特区建立40周年庆祝大会上的讲话》,《人民日报》2020年10月15日。
② 习近平:《在庆祝中国共产党成立100周年大会上的讲话》,《人民日报》2021年7月2日。

了中华民族几千年历史上最恢宏的史诗。"① 2022年1月11日，在省部级主要领导干部学习贯彻党的十九届六中全会精神专题研讨班开班式上，习近平总书记强调："坚持解放思想、实事求是、守正创新，更好把坚持马克思主义和发展马克思主义统一起来，坚持用马克思主义之'矢'去射新时代中国之'的'，继续推进马克思主义基本原理同中国具体实际相结合、同中华优秀传统文化相结合，续写马克思主义中国化时代化新篇章。"② 2022年10月16日，在党的二十大报告中，习近平总书记将"坚持守正创新"明确为习近平新时代中国特色社会主义思想的世界观和方法论，并作出具体理论阐释："必须坚持守正创新。我们从事的是前无古人的伟大事业，守正才能不迷失方向、不犯颠覆性错误，创新才能把握时代、引领时代。我们要以科学的态度对待科学、以真理的精神追求真理，坚持马克思主义基本原理不动摇，坚持党的全面领导不动摇，坚持中国特色社会主义不动摇，紧跟时代步伐，顺应实践发展，以满腔热忱对待一切新生事物，不断拓展认识的广度和深度，敢于说前人没有说过的新话，敢于干前人没有干

---

① 《中共中央关于党的百年奋斗重大成就和历史经验的决议》，《人民日报》2021年11月17日。

② 《继续把党史总结学习教育宣传引向深入　更好把握和运用党的百年奋斗历史经验》，《人民日报》2022年1月12日。

过的事情，以新的理论指导新的实践。"①

守正创新与自信自强一道，是党领导人民团结奋斗的基本方式，在指导实践的过程中成为推动新时代中国特色社会主义取得伟大成就的内生动力。坚持守正创新，贯穿于改革发展稳定、内政国防外交、治党治国治军等各领域各环节，在新时代党和国家各项事业中具有普遍性的指导意义。新时代十年以来，党正是在坚持守正创新中带领人民采取一系列战略性举措，推进一系列变革性实践，实现一系列突破性进展，取得一系列标志性成果，攻克了许多长期没有解决的难题，办成了许多事关长远的大事要事，推动党和国家事业取得举世瞩目的重大成就。可以说，坚持守正创新是以习近平同志为核心的党中央治国理政的科学思想方法和工作方法，是习近平新时代中国特色社会主义思想的显著标志。

## 二、守正创新是辩证唯物主义和历史唯物主义方法论原则的重要体现

习近平新时代中国特色社会主义思想是坚持和运用

---

① 习近平：《高举中国特色社会主义伟大旗帜　为全面建设社会主义现代化国家而团结奋斗——在中国共产党第二十次全国代表大会上的报告》，人民出版社2022年版，第20页。

辩证唯物主义和历史唯物主义的光辉典范,守正创新根植于马克思主义哲学的理论沃土,是辩证唯物主义和历史唯物主义的方法论原则的中国式概括和时代化表达,既内蕴着马克思主义基本原理的智慧,又化用符合中华民族特色的表达方式,赋予"守正创新"的中华民族智慧以马克思主义的新内涵。"正"是指"正道",是事物的本质及规律。"守正"就是要坚守正道,追求真理,就是正确把握事物的本质,遵循客观规律,按客观规律办事。"新"是指"新事物",是指合乎历史发展总趋势的、进步的、必然向前发展的、具有远大前途的东西。创新就是有意识、有目的地改造旧事物、创造新事物的认识和实践活动,涵盖理论创新、实践创新、制度创新以及其他各方面的创新。守正与创新是辩证统一的关系,我们"要坚持守正和创新相统一"[①]:坚持守正,创新才能拥有明确的立场和指向;不断创新,守正才能获得源泉和动力根基。坚持守正创新,实现了"变"与"不变"、继承与发展、原则性与创造性的辩证统一,是马克思主义世界观和方法论的重要体现,是习近平新时代中国特色社会主义思想对马克思主义认识论的当代发展。守正创新既不是教条化的运用,也不

---

① 《习近平谈治国理政》第三卷,外文出版社 2020 年版,第 535 页。

是僵化的照搬，它使辩证唯物主义和历史唯物主义方法论原则在 21 世纪的中国焕发出更强大的思想伟力和生命力。

## 三、守正创新是党的思想路线的当代运用和发展

党的思想路线是一切从实际出发，理论联系实际，实事求是，在实践中检验和发展真理。这是中国共产党在长期的革命实践中确立的一条正确的思想路线，是中国共产党认识问题、分析问题、处理问题所遵循的最根本的指导原则和思想基础。毛泽东同志在《改造我们的学习》一文中，第一次对"实事求是"作了全新的科学阐述："'实事'就是客观存在着的一切事物，'是'就是客观事物的内部联系，即规律性，'求'就是我们去研究。"[①] 毛泽东同志反复强调，共产党人就是"靠实事求是吃饭的"。1945 年，经过延安整风，党的七大将"实事求是"写入党章，确立了实事求是的思想路线。"文化大革命"期间，"左"倾思想居于主导地位，背离了实事求是的思想路线，给党和国家

---

① 《毛泽东选集》第三卷，人民出版社 1991 年版，第 801 页。

带来严重灾难。邓小平同志以力挽狂澜的勇气，重申"实事求是"为党的思想路线，破除迷信盛行和思想僵化，提出"解放思想，实事求是"，指出"解放思想，就是使思想和实际相符合，使主观和客观相符合，就是实事求是"①。在社会主义开放和社会主义现代化建设新时期，实事求是的思想路线又丰富和发展为解放思想、实事求是、与时俱进、求真务实。

习近平新时代中国特色社会主义思想是坚持、运用和发展党的思想路线的典范。习近平总书记指出，"坚持实事求是不是一劳永逸的，在一个时间一个地点做到了实事求是，并不等于在另外的时间另外的地点也能做到实事求是，在一个时间一个地点坚持实事求是得出的结论、取得的经验，并不等于在变化了的另外的时间另外的地点也能够适用"②，并进一步指出"我们要准确把握时代大势，勇于站在人类发展前沿，聆听人民心声，回应现实需要，坚持解放思想、实事求是、守正创新"③，创造性地把守正创新放到和解放思想、实事求是同等重要的理论地位，进一步坚持和发展了党的思想路线，推动了党的思想路线的当代运

---

① 《邓小平文选》第二卷，人民出版社1994年版，第364页。
② 《习近平谈治国理政》第一卷，外文出版社2018年版，第26页。
③ 习近平：《更好把握和运用党的百年奋斗历史经验》，《求是》2022年第13期。

用和时代发展。守正创新是对解放思想、实事求是的当代运用，是一脉相承的关系。实事求是是守正之本，与时俱进是创新之源，可以说守正创新孕育于解放思想和实事求是的"胎胞"之中。

## 四、守正创新是实现马克思主义中国化新的飞跃的内在机理

党的十八大以来，以习近平同志为主要代表的中国共产党人，坚持把马克思主义基本原理同中国具体实际相结合、同中华优秀传统文化相结合，坚持毛泽东思想、邓小平理论、"三个代表"重要思想、科学发展观，深刻总结并充分运用党成立以来的历史经验，从新的实际出发，创立了习近平新时代中国特色社会主义思想。习近平新时代中国特色社会主义思想是当代中国马克思主义、21世纪马克思主义，是中华文化和中国精神的时代精华，实现了马克思主义中国化新的飞跃。在推进"两个结合"的过程中，既坚持了马克思主义这个"老祖宗"，传承了中华优秀传统文化的"根和脉"，又紧跟时代步伐，顺应实践发展，不断拓展认识的广度和深度，以新的理论指导新的实践，彰显了守正创新的理论品质，深化了对马克思主义中国化时代化的规律性认

识。以"两个结合"为主要内容的守正创新，构成了实现马克思主义中国化新的飞跃的内在机理。

坚持和发展马克思主义，必须同中国具体实际相结合。我们坚持以马克思主义为指导，是要运用其科学的世界观和方法论解决中国的问题，而不是要背诵和重复其具体结论和词句，更不能把马克思主义当成一成不变的教条。我们必须坚持解放思想、实事求是、守正创新，一切从实际出发，着眼解决新时代改革开放和社会主义现代化建设的实际问题，作出符合中国实际和时代要求的正确回答，得出符合客观规律的科学认识，形成与时俱进的理论成果，更好地指导中国实践。习近平总书记指出："我们党在运用马克思主义基本原理解决中国实际问题的实践中逐步认识到，发展社会主义不仅是一个长期历史过程，而且是需要划分为不同历史阶段的过程。"[①] 习近平新时代中国特色社会主义思想在守正创新中找准社会主要矛盾变化，科学认识和把握中国特色社会主义新时代的历史方位，科学回答了新时代坚持和发展中国特色社会主义的总目标、总任务、总体布局、战略布局和发展方向、发展方式、发展动力、战略步骤、外部条件、政治保证

---

[①]《习近平谈治国理政》第四卷，外文出版社2022年版，第162页。

等基本问题,并根据新的实践对经济、政治、法治、科技、文化、教育、民生等作出科学分析和指导,不断解答中国之问、世界之问、人民之问、时代之问。

坚持和发展马克思主义,必须同中华优秀传统文化相结合。习近平新时代中国特色社会主义思想立足于中国大地,植根于中华文化沃土,把马克思主义的思想精髓和中华文化的精神特质融会贯通起来,充盈着浓郁的中国味、深厚的中华情、浩然的民族魂。正是在"两个结合"的守正创新之中,习近平新时代中国特色社会主义思想为丰富和发展马克思主义作出了重大原创性贡献,实现了马克思主义中国化新的飞跃。

## 五、守正创新是新时代坚持和发展中国特色社会主义的科学态度

习近平总书记在党的二十大报告中指出:"我们要以科学的态度对待科学、以真理的精神追求真理,坚持马克思主义基本原理不动摇,坚持党的全面领导不动摇,坚持中国特色社会主义不动摇。"[①] 这"三个不

---

[①] 习近平:《高举中国特色社会主义伟大旗帜 为全面建设社会主义现代化国家而团结奋斗——在中国共产党第二十次全国代表大会上的报告》,人民出版社2022年版,第20页。

动摇"也是我们新时代坚持和发展中国特色社会主义的科学态度。

坚持马克思主义基本原理不动摇,守马克思主义之正,创马克思主义中国化时代化之新。马克思主义理论犹如壮丽的日出,照亮了人类探索历史规律和寻求自身解放的道路。中国共产党为什么能,中国特色社会主义为什么好,归根到底是因为马克思主义行,是因为中国化时代化的马克思主义行。恩格斯指出:"马克思的整个世界观不是教义,而是方法。它提供的不是现成的教条,而是进一步研究的出发点和供这种研究使用的方法。"[①] 我们坚持以马克思主义为指导,是要运用其科学的世界观和方法论解决中国的问题,而不是要背诵和重复其具体结论和词句,更不能把马克思主义当成一成不变的教条。我们要以科学的态度对待科学,以真理的精神追求真理,不断赋予马克思主义以新的时代内涵。我们要洞察时代风云,把握时代大势,站在人类发展前沿,积极探索关系人类前途命运的重大问题,为应对当今世界面临的全球性挑战、解决人类面临的共性问题贡献中国智慧、中国方案;要紧密联系亿万群众的创造性实践,尊重人民群众的

---

① 《马克思恩格斯文集》第十卷,人民出版社 2009 年版,第 691 页。

主体地位和首创精神，作出新概括，获得新认识，形成新成果；要坚持问题导向，聚焦我国改革开放和社会主义现代化建设面临的重大现实问题、全局性战略问题、人民群众关心关注的热点难点问题，为解决问题提供新理念、新思路、新办法；要吸收人类创造的一切优秀文化成果，不断深化对共产党执政规律、社会主义建设规律、人类社会发展规律的认识，发展当代中国马克思主义、21世纪马克思主义，续写马克思主义中国化时代化新篇章。

坚持党的全面领导不动摇，守党的全面领导之正，创党的伟大自我革命之新。党的十八大以来，以习近平同志为核心的党中央坚持和加强党的全面领导，不断巩固党的执政地位，"明确中国特色社会主义最本质的特征是中国共产党领导，中国特色社会主义制度的最大优势是中国共产党领导"[①]，深入推进新时代党的建设新的伟大工程，加强思想建设、政治建设、组织建设、纪律建设和作风建设，凝聚了党心军心民心，带领全国各族人民团结奋斗。全面建设社会主义现代化国家、全面推进中华民族伟大复兴，关键在党。我

---

① 习近平：《高举中国特色社会主义伟大旗帜 为全面建设社会主义现代化国家而团结奋斗——在中国共产党第二十次全国代表大会上的报告》，人民出版社2022年版，第6页。

们党作为世界上最大的马克思主义执政党,要始终赢得人民拥护、巩固长期执政地位,必须时刻保持解决大党独有难题的清醒和坚定。党的远大目标和历史使命,党的队伍的庞大规模和广泛分布,党面临的重大风险和严峻挑战,都决定了只有整体地而不是局部地、系统地而不是零碎地、持久地而不是短暂地、高标准地而不是一般化地全面从严治党,才能把我们党建设好。全党必须牢记,全面从严治党永远在路上,党的自我革命永远在路上,决不能有松劲歇脚、疲劳厌战的情绪,必须持之以恒推进全面从严治党,深入推进新时代党的建设新的伟大工程,以党的自我革命引领社会革命。

坚持社会主义不动摇,守科学社会主义之正,创中国特色社会主义之新。科学社会主义基本原则不能丢,丢了就不是社会主义。同时,科学社会主义也绝不是一成不变的教条。科学社会主义的基本原则作为马克思主义的核心内容,是马克思和恩格斯通过深入揭露资本主义基本矛盾,深入阐发人类社会的基本规律,并在指导国际工人运动的实践中形成的。其原则性内容直到今天仍然是正确的,但它的具体结论却不是一成不变的,而是随着实践的深化和时代的变迁而变化。当代中国的伟大社会变革,不是简单延续我国历史文化的母版，不是简单套用马克思主义经典作家设想的模板，不是其他国家社会主义实践的再版，也不是国外现代化发展的翻版。方向决定前途，道路决定命运。在中国这样一个有着5000多年文明史、14亿多人口的大国推进改革发展，没有可以奉为金科玉律的教科书，也没有可以对中国人民颐指气使的教师爷。中国特色社会主义不是从天上掉下来的，是党和人民历经千辛万苦、付出巨大代价取得的根本成就。我们要把命运掌握在自己手中，就要有志不改、道不变的坚定，在守正创新中不断把新时代中国特色社会主义推向前进。

# 第二章 在守正创新中开辟马克思主义中国化时代化新境界

习近平总书记在党的二十大报告中指出："马克思主义是我们立党立国、兴党兴国的根本指导思想。实践告诉我们，中国共产党为什么能，中国特色社会主义为什么好，归根到底是马克思主义行，是中国化时代化的马克思主义行。拥有马克思主义科学理论指导是我们党坚定信仰信念、把握历史主动的根本所在。"[1]马克思主义从来不是僵死的教条，是科学的、人民的、实践的、不断发展的开放的理论，坚持守正创新是马克思主义永葆生命力的关键所在。中国共产党人始终坚持守正创新，把马克思主义基本原理同中国具体实际相结合、同中华优秀传统文化相结合，不断推动马克思主义中国化时代化。习近平新时代中国特色社会主义思想实现了马克思主义中国化时代化新的飞跃，

---

[1] 习近平：《高举中国特色社会主义伟大旗帜　为全面建设社会主义现代化国家而团结奋斗——在中国共产党第二十次全国代表大会上的报告》，人民出版社2022年版，第16页。

必须长期坚持并不断丰富发展。

## 一、马克思主义是我们立党立国、兴党兴国的根本指导思想

"求木之长者，必固其根本。"一个政党，要永葆生机和活力，必固其本；一个国家，欲走向复兴和强盛，亦必固其本。对于中国共产党领导的中国而言，固其根本就是守牢马克思主义指导地位不动摇。马克思主义为我们认识世界、改造世界提供了强大思想武器。拥有马克思主义科学理论指导是我们党坚定信仰信念、把握历史主动的根本所在。背离或放弃马克思主义，我们党就会失去灵魂、迷失方向。在坚持马克思主义指导地位这一根本问题上，我们必须坚定不移，任何时候任何情况下都不能有丝毫动摇，让马克思主义的伟大旗帜在全面建设社会主义现代化国家新征程上高高飘扬。

（一）马克思主义为我们认识世界、改造世界提供了强大思想武器

马克思主义的诞生，犹如壮丽的日出，照亮了人类探索历史规律和寻求自身解放的道路。在人类

历史发展长河中，只有马克思主义才能透视出历史运动的本质和时代发展的方向，只有马克思主义才能指导人类科学地认识世界和改造世界。中国共产党在百年光辉历程中，始终坚持以马克思主义为思想武器，在认识世界、改造世界的实践中充分彰显了马克思主义科学性、人民性、实践性和开放性的真谛。

首先，马克思主义是科学的理论，在揭示规律中彰显真理光芒。马克思主义是关于自然、社会和人类思维发展一般规律的科学认识。马克思、恩格斯在继承人类思想文化优秀遗产的基础上，立足于人类物质生产实践，创立了马克思主义哲学、政治经济学和科学社会主义三大组成部分有机统一的马克思主义理论。历史唯物主义和剩余价值理论两大伟大发现，首次揭示了人类社会发展一般规律和资本主义运行特殊规律，使社会主义由空想变为科学，为无产阶级革命提供了科学依据和行动指南。马克思主义既是科学的世界观，又是方法论，其结合实践需要形成了关于人类社会发展规律的思想、关于坚守人民立场的思想、关于生产力和生产关系的思想、关于人民民主的思想、关于文化建设的思想、关于社会建设的思想、关于人与自然关系的思想、关于世界历史的思想、关于马克思主义政党建设的思想等，科学地回答了实践提出的重大问题。因此，马克思主义不仅是解释世界的科学工具，也是无产阶级改造世界的物质力量，为人类指明了实现自由和解放的道路。

其次，马克思主义是人民的理论，在人民至上中凸显根本属性。马克思主义博大精深，归根到底就是一句话：为人类求解放。在马克思主义之前，社会上占统治地位的理论都是为统治阶级服务的。马克思主义第一次创立了人民实现自身解放的思想体系。马克思主义认为，人民群众不仅是社会物质财富和精神财富的创造者，还是社会变革的决定力量，在人类社会发展中起着决定性作用。社会基本矛盾运动是人类社会发展的动力，人民群众的社会实践最终决定历史发展的结局。马克思主义以实现人的自由而全面的发展和全人类解放为己任，以科学的理论为最终建立一个没有压迫、没有剥削、人人平等、人人自由的理想社会指明了方向。马克思主义之所以有跨越国度、跨越时代的影响力，就是因为它植根于人民，指明了依靠人民推动历史前进的人间正道。

再次，马克思主义是实践的理论，在扎根实践中回应本质要求。"实践性是马克思主义理论区别于其他理论的显著特征。"① 马克思主义的本质是服务于无产阶级和人民大众改造世界的实践的理论。马克思主义改变了旧唯物主义对对象、现实和感性只是"从客体的或者直观的形式去理解"的局限，克服了唯心主义"不知道现实的、感性的活动本身"的弊端，成为"实践的唯物主义"。实践的观点体现于马克思主义整个体系之中，实践性这一本质特点决定了马克思主义理论必须同实践相统一。理论是从实践中产生的，理论是否正确还要接受实践检验并要在实践中得到丰富和发展；同时，理论只有与实践紧密联系，才能发挥出对实践的指导作用，实现自身的价值和意义。马克思主义是在人民求解放的实践中形成的，也是在人民求解放的实践中丰富和发展的，为人民认识世界、改造世界提供了强大精神力量。

最后，马克思主义是不断发展的开放的理论，在开放发展中汲取活力源泉。马克思主义之所以能够始终站在时代前列，就是因为其具有开放性的理论特征。马克思主义是历史的产物，在不同时代有着不同的形式和内容。恩格斯指出："马克思的整个世界观不是教义，而是方法。它提供的不是现成的教条，而是进一

---

① 习近平：《在纪念马克思诞辰200周年大会上的讲话》，人民出版社2018年版，第9页。

步研究的出发点和供这种研究使用的方法。"① 马克思主义内在地具有解放思想、实事求是、守正创新的根本要求，反对因循守旧、墨守成规，坚持主观与客观的统一、理论与实践的统一、继承与创新的统一，为我们认识世界、改造世界提供了科学的立场、观点和方法。马克思主义的开放性还体现在马克思主义对包括自身在内的一切理论、思想和主义持有批判的态度。马克思主义勇于自我否定，不断在否定中发展壮大，这既是马克思主义的理论品质和实践特质，也是马克思主义所持有的正确态度。马克思主义在不断探索时代发展提出的新课题、回应人类社会面临的新挑战中，能够永葆其美妙之青春，永葆其生机与活力。

时代是思想之母，实践是理论之源。中国共产党始终坚持马克思主义的指导地位毫不动摇，在实践中检验和发展真理。新时代十年的伟大变革，充分彰显了马克思主义及其中国化时代化新的飞跃的实践力量。实践证明，马克思主义的命运早已同中国共产党的命运、中国人民的命运、中华民族的命运紧紧连在一起，它的科学性和真理性在中国得到了充分检验，它的人民性和实践性在中国得到了充分贯彻，它的开放性和

---

① 《马克思恩格斯文集》第十卷，人民出版社2009年版，第691页。

时代性在中国得到了充分彰显!

（二）拥有马克思主义科学理论指导是我们党坚定信仰信念、把握历史主动的根本所在

一个政党要走在时代前列，一刻也不能没有科学理论指导。中国共产党是高举马克思主义伟大旗帜的无产阶级政党，马克思主义是中国共产党人的政治灵魂，是中国共产党人经受住任何考验的精神支柱。回望百年辉煌党史，马克思主义的命运和中国共产党的命运紧密相连。迈向全面建设社会主义现代化国家新征程，我们要赢得优势、赢得主动、赢得未来，就必须坚持马克思主义的指导地位不动摇。

马克思主义的命运和中国共产党的命运紧密相连。1840年鸦片战争以后，中国逐步成为半殖民地半封建社会，国家蒙辱、人民蒙难、文明蒙尘，中华民族遭受了前所未有的苦难。从那时起，实现中华民族伟大复兴，就成为中国人民和中华民族最伟大的梦想。为了找到解决中国前途命运问题的正确道路和领导力量，中国人民尝试过各种主义和思潮，资本主义道路没有走通，改良主义、自由主义、社会达尔文主义、无政府主义、实用主义、民粹主义、工团主义等"你方唱罢我登场"，但都没能解决中国的前途和命运问题。一

## 第二章 在守正创新中开辟马克思主义中国化时代化新境界

个国家选择什么样的主义,关键要看这个主义能否解决这个国家面临的历史性课题。十月革命一声炮响,给中国送来了马克思列宁主义。中国先进分子从马克思列宁主义的科学真理中看到了解决中国问题的出路。在近代以后中国社会的剧烈运动中,在中国人民反抗封建统治和外来侵略的激烈斗争中,在马克思列宁主义同中国工人运动的结合过程中,1921年中国共产党应运而生。一百多年来,中国共产党在马克思主义的武装下,领导人民取得了新民主主义革命的伟大成就、社会主义革命和建设的伟大成就、改革开放和社会主义现代化建设的伟大成就以及新时代中国特色社会主义的伟大成就,使中华民族伟大复兴进入了不可逆转的历史进程。实践充分证明,中国共产党之所以从弱小走向强大,之所以伟大、光荣、正确,离不开马克思主义的指导;马克思主义之所以焕发生机与活力,离不开中国共产党矢志不渝地守正创新。中国共产党没有辜负马克思主义,马克思主义也没有辜负中国共产党,二者的命运早已紧紧联系在一起。只有守马克思主义之正,党和国家事业才会取得新的举世瞩目的重大成就。

拥有马克思主义科学理论指导是中国共产党坚定信仰信念的根本所在。中国共产党是用马克思主义武装起来的政党，对马克思主义的信仰，对社会主义和共产主义的信念，是共产党人的政治灵魂，是共产党人经受住任何考验的精神支柱。信仰信念的坚定，来自思想理论的坚定。认识真理、掌握真理、信仰真理、捍卫真理，是坚定信仰信念的精神前提。马克思主义立足于工人阶级革命实践，全面系统地总结了人类思想史上的优秀成果，深刻揭示了人类社会发展规律，指明了朝着共产主义前进的远大理想。我们党取名为"共产党"，就是认定了共产主义这个远大理想。中国共产党人的信仰信念之所以坚定，是因为我们党追求的是真理，是因为我们党遵循的是规律，是因为我们党代表的是最广大人民的根本利益。形象地说，理想信念就是共产党人精神上的"钙"，没有理想信念，理想信念不坚定，精神上就会"缺钙"，就会得"软骨病"。世界社会主义实践的曲折历程告诉我们，理想信念动摇是最危险的动摇，理想信念滑坡是最危险的滑坡。"共产主义渺茫论""马克思主义过时论""马克思主义无用论"都是企图瓦解理想信念的科学根基。对此，我们必须旗帜鲜明地予以抵制。实现共产主义是中国共产党人的最高理想，而这个最高理想是需要一代又一代人接力奋斗的。迈向全面建设社会主义现代化国家新征程，中国共产党带领广大人民坚持和发

## 第二章 在守正创新中开辟马克思主义中国化时代化新境界

展中国特色社会主义,就是向着最高理想所进行的实实在在的努力。

拥有马克思主义科学理论指导是中国共产党把握历史主动的根本所在。纵观百年党史,不论形势任务如何发展变化,我们党之所以能始终把握历史主动、锚定奋斗目标,团结带领广大人民从胜利走向胜利,根本原因在于始终拥有马克思主义科学理论指导。首先,中国共产党坚持以当时的历史条件为转移,正确判断历史方位。正确认识党和人民事业所处的历史方位和发展阶段,是我们党明确阶段性中心任务、制定路线方针政策的根本依据。历史方位反映的是一个政党、一个国家、一个民族的发展阶段和所处的位置。一百多年来,中国共产党之所以能够正确判断历史方位,制定科学的路线、方针和政策,就在于拥有马克思主义科学理论指导。"经过长期努力,中国特色社会主义进入了新时代,这是我国发展新的历史方位。"[①]奋进新时代、开启新征程,始终要以马克思主义科学理论为指导,判断历史方位,掌握历史主动。其次,中国共产党牢记人民群众是历史的创造者,始终赢得

---

[①] 习近平:《决胜全面建成小康社会 夺取新时代中国特色社会主义伟大胜利——在中国共产党第十九次全国代表大会上的报告》,人民出版社2017年版,第10页。

历史主体。人民立场是中国共产党的根本政治立场。习近平总书记指出:"江山就是人民,人民就是江山。中国共产党领导人民打江山、守江山,守的是人民的心。"① 中国共产党之所以能够成为人民衷心拥护、长期执政的马克思主义政党,原因就在于始终坚守无产阶级政党的政治属性,将人民对美好生活的向往作为奋斗目标。最后,中国共产党遵循人类社会发展的一般规律,始终顺应历史大势。尽管我们所处的时代同马克思所处的时代相比发生了巨大而深刻的变化,但从世界社会主义五百多年的发展历史这一大视野来看,我们依然处在马克思主义所指明的历史时代。这是我们对马克思主义保持坚定信心、对社会主义保持必胜信念的科学依据。当前,我国正处于实现第二个百年奋斗目标的新征程之中,全面认识国内外发展大势,科学把握重要战略机遇期的新变化、新特征,在危机中育先机,于变局中开新局,就要坚持以马克思主义科学理论为指导,进而乘势而上,以更大信心推进实现中华民族伟大复兴。

---

① 习近平:《高举中国特色社会主义伟大旗帜 为全面建设社会主义现代化国家而团结奋斗——在中国共产党第二十次全国代表大会上的报告》,人民出版社2022年版,第46页。

## 二、归根到底是马克思主义行，是中国化时代化的马克思主义行

习近平总书记在党的二十大报告中指出："实践告诉我们，中国共产党为什么能，中国特色社会主义为什么好，归根到底是马克思主义行，是中国化时代化的马克思主义行。"[①] 以科学的态度、真理的精神对待马克思主义，是马克思主义中国化时代化创新发展的关键。中国共产党在百年奋斗征程中始终重视将马克思主义基本原理同中国具体实际相结合、同中华优秀传统文化相结合，坚持运用辩证唯物主义和历史唯物主义，正确回答时代和实践提出的重大问题，始终保持马克思主义的蓬勃生机和旺盛活力。

### （一）以科学的态度对待科学、以真理的精神追求真理

回望百年辉煌党史，中国共产党之所以能够引领中华民族实现从站起来、富起来到强起来的伟大飞跃，重要原因之一在于一以贯之地坚持把马克思主义作为

---

① 习近平：《高举中国特色社会主义伟大旗帜　为全面建设社会主义现代化国家而团结奋斗——在中国共产党第二十次全国代表大会上的报告》，人民出版社2022年版，第16页。

根本指导思想，以科学的态度对待科学、以真理的精神追求真理，不断推进马克思主义中国化时代化，不断推进实践基础上的理论创新。

只有推动马克思主义中国化，马克思主义才能落地生根，解决中国实际问题。肩负民族复兴使命的中国共产党在运用马克思主义解决中国实际问题时，必须要考虑马克思主义中国化的问题，以及如何让马克思主义基本原理同中国具体实际相结合，更好地发挥其指导作用的问题。在党的早期历史上，存在对待马克思主义的两种错误倾向：一种是脱离中国实际，以教条主义的态度对待马克思主义；另一种是轻视马克思主义的理论指导，以经验主义的态度对待马克思主义。20世纪20年代后期到30年代初期，党内的"左"倾教条主义者一度将马克思列宁主义、共产国际决议和苏联经验神圣化，认为"城市武装暴动"是被俄国十月革命证明了的科学理论，可以原封不动地拿到中国加以运用，最终给中国革命带来严重后果。深入剖析这些错误倾向，深刻总结历史经验教训，就会发现僵化教条、片面抽象地对待马克思主义，无法把握马克思主义的精髓。与党内存在的教条主义者、经验主义者不同的是，毛泽东同志指出："我们所要的是香的马克思主义，不是臭的马克思主义；是活的马克思主

## 第二章 在守正创新中开辟马克思主义中国化时代化新境界

义,不是死的马克思主义。"① 毛泽东同志提出实事求是的思想路线,把马克思主义基本原理同中国革命具体实际相结合,开辟了马克思主义中国化的创新发展之路。在党的百年奋斗征程中,正是一代代中国共产党人坚持以科学的态度和真理的精神对待和运用马克思主义,才使党的理论和实践创新结出累累硕果。实践证明,只有将马克思主义基本原理同中国具体实际相结合,灵活地运用马克思主义立场观点方法分析和解决中国历史和现实问题,才能使马克思主义在中国大地上牢牢扎根。

只有推动马克思主义时代化,马克思主义才能充满生机,回应时代,引领时代。中国共产党是具有历史主动精神、始终奋进在时代前列的马克思主义政党,用马克思主义观察时代、解读时代、引领时代是中国共产党的神圣使命。马克思、恩格斯指出:"一切划时代的体系的真正的内容都是由于产生这些体系的那个时期的需要而形成起来的。所有这些体系都是以本国过去的整个发展为基础的,是以阶级关系的历史形式及其政治的、道德的、哲学的以及其他的后果为基础的。"② 马克思主义是为顺应时代诉求、解决时代问题

---

① 《毛泽东文集》第三卷,人民出版社 1996 年版,第 332 页。
② 《马克思恩格斯全集》第三卷,人民出版社 1960 年版,第 544 页。

而诞生的，也必将随着时代的发展而富有新的生机活力。每个时代都有每个时代的课题。不论是新民主主义革命时期，还是社会主义革命和建设时期，不论是改革开放和社会主义现代化建设新时期，还是中国特色社会主义新时代，都有不同的社会主要矛盾和党的中心任务，都需要解答新的时代之问。这就需要将马克思主义基本原理同时代特征相结合，在时代大潮中实现创新发展。当今世界正经历百年未有之大变局，中华民族伟大复兴正处在关键时期。面对快速变化的世界和中国，如果不能科学回答中国之问、世界之问、人民之问、时代之问，不仅党和国家事业无法继续前进，马克思主义也会失去生命力、说服力。习近平新时代中国特色社会主义思想正是在回答时代和实践提出的重大课题中，创造性地提出了一系列富有原创性的治国理政新理念、新思想、新战略，提出一系列解决重大全球性问题的中国方案，成为当代中国马克思主义、21世纪马克思主义。只有聆听时代声音、回答时代课题、贴近时代脉搏，不断推进马克思主义时代化，中国共产党人观察时代、把握时代、引领时代的思想武器才能始终光芒万丈。

不断推进马克思主义中国化时代化，是中国共产党以科学的态度对待科学、以真理的精神追求真理的

## 第二章 在守正创新中开辟马克思主义中国化时代化新境界

实践典范,也是马克思主义创新发展一般规律的生动体现。中国化和时代化是相辅相成的,只有将二者统一起来,推动马克思主义创新发展的空间维度和时间维度同向同行,才能使马克思主义中国化时代化实现一次又一次的伟大飞跃。

(二)中国共产党始终重视推进马克思主义中国化时代化

坚持解放思想、实事求是、守正创新,不断推动马克思主义中国化时代化,是我们党百年奋斗取得的宝贵经验。回望党的百年奋斗历程,中国共产党坚持把马克思主义基本原理同中国具体实际相结合、同中华优秀传统文化相结合,创立了毛泽东思想、邓小平理论,形成了"三个代表"重要思想、科学发展观,创立了习近平新时代中国特色社会主义思想,不断赋予马克思主义崭新的生命力,指导中国特色社会主义事业不断开创新局面。

新民主主义革命时期,以毛泽东同志为主要代表的中国共产党人,把马克思列宁主义基本原理同中国具体实际相结合,对经过艰苦探索、付出巨大牺牲积累的一系列独创性经验作了理论概括,创立了毛泽东思想。在科学思想的指引下,开辟了农村包围城市、武装夺取政权的正确革命道路，为夺取新民主主义革命胜利指明了正确方向，推翻了帝国主义、封建主义、官僚资本主义"三座大山"，建立了人民当家作主的中华人民共和国，实现了民族独立、人民解放。新民主主义革命的胜利，彻底结束了旧中国半殖民地半封建社会的历史，彻底结束了旧中国一盘散沙的局面，彻底废除了列强强加给中国的不平等条约和帝国主义在中国的一切特权，为实现中华民族伟大复兴创造了根本社会条件。毛泽东思想是马克思列宁主义在中国的创造性运用和发展，是被实践证明了的关于中国革命和建设的正确的理论原则和经验总结。

社会主义革命和建设时期，毛泽东同志提出把马克思列宁主义基本原理同中国具体实际进行"第二次结合"，以毛泽东同志为主要代表的中国共产党人，结合新的实际丰富和发展了毛泽东思想，提出关于社会主义建设的一系列重要思想，包括社会主义社会是一个很长的历史阶段，严格区分和正确处理敌我矛盾和人民内部矛盾，正确处理我国社会主义建设的十大关系等，以新的思想、新的观点、新的论断丰富和发展马克思主义。在科学思想指导和党的坚强领导下，完成社会主义革命，消灭在中国延续几千年的封建剥削

## 第二章　在守正创新中开辟马克思主义中国化时代化新境界

压迫制度,确立社会主义基本制度,推进社会主义建设,实现了中华民族有史以来最为广泛而深刻的社会变革,实现了一穷二白、人口众多的东方大国大步迈进社会主义社会的伟大飞跃,为实现中华民族伟大复兴奠定了根本的政治前提和制度基础。毛泽东思想的创立和发展,充分彰显了马克思主义与中国实际的有机结合,充分彰显了马克思主义的科学真谛和与时俱进的生命力。毛泽东思想是马克思主义中国化的第一次历史性飞跃。

改革开放和社会主义现代化建设新时期,以邓小平同志、江泽民同志、胡锦涛同志为主要代表的中国共产党人,从新的实践和时代特征出发坚持和发展马克思主义,形成了包括邓小平理论、"三个代表"重要思想、科学发展观在内的中国特色社会主义理论体系,实现了马克思主义中国化新的飞跃。改革开放以来,以邓小平同志为主要代表的中国共产党人,围绕"什么是社会主义、怎样建设社会主义"的根本问题,不断推进马克思主义中国化时代化,创立了邓小平理论,作出了关于社会主义本质的重大论断和改革开放的历史性决定,确立了社会主义初级阶段基本路线,开创了中国特色社会主义伟大征程,为实现马克思主义中国化新的飞跃迈出关键一步。进入世纪之交,随着改革开放的深入发展，以江泽民同志为主要代表的中国共产党人，紧紧围绕"建设什么样的党、怎样建设党"这一时代之问，把马克思主义基本原理与时代特征结合起来，形成了"三个代表"重要思想，把中国特色社会主义推向21世纪。党的十六大以来，以胡锦涛同志为主要代表的中国共产党人，在稳步推进中国特色社会主义事业中形成了以人为本的科学发展观，集中回答了"实现什么样的发展、怎样发展"的时代课题，在新形势下进一步坚持和发展了中国特色社会主义。这一时期，在中国特色社会主义理论体系指导下，中国共产党领导全国各族人民解放思想、实事求是、与时俱进、求真务实，创造了改革开放和社会主义现代化建设的伟大成就。中国特色社会主义理论体系的形成，是我们党从新的实践和时代特征出发对马克思主义的坚持、发展和创新，实现了马克思主义中国化新的飞跃。

中国特色社会主义进入新时代，以习近平同志为主要代表的中国共产党人，坚持把马克思主义基本原理同中国具体实际相结合、同中华优秀传统文化相结合，坚持毛泽东思想、邓小平理论、"三个代表"重要思想、科学发展观，深刻总结并充分运用党成立以来的历史经验，从新的实际出发，创立了习近平新时代

## 第二章 在守正创新中开辟马克思主义中国化时代化新境界

中国特色社会主义思想。习近平同志对关系新时代党和国家事业发展的一系列重大理论和实践问题进行了深邃思考和科学判断，就新时代坚持和发展什么样的中国特色社会主义、怎样坚持和发展中国特色社会主义，建设什么样的社会主义现代化强国、怎样建设社会主义现代化强国，建设什么样的长期执政的马克思主义政党、怎样建设长期执政的马克思主义政党等重大时代课题，提出一系列原创性的治国理政新理念、新思想、新战略，是习近平新时代中国特色社会主义思想的主要创立者。习近平新时代中国特色社会主义思想是当代中国马克思主义、21世纪马克思主义，是中华文化和中国精神的时代精华，实现了马克思主义中国化新的飞跃。新时代十年伟大变革，充分彰显了习近平新时代中国特色社会主义思想的实践伟力，充分彰显了马克思主义中国化时代化取得的巨大成功。

在中国共产党的百年奋斗历程中，我们党之所以能够领导人民战胜各种风险挑战，完成各种艰巨任务，一个根本原因就在于坚持把马克思主义基本原理同中国具体实际相结合、同中华优秀传统文化相结合，不断推进马克思主义中国化时代化，用科学理论引领伟大实践。

（三）让马克思主义在中国大地始终保持蓬勃生机和旺盛活力

人类历史发展到今天，与马克思所处的时代相比已经发生了巨大而深刻的变化，但从人类历史发展的大视野来看，世界依然处于马克思主义所指明的从资本主义走向社会主义的大时代。如何让马克思主义在中国大地上始终保持蓬勃生机和旺盛活力，深刻理解"归根到底是因为马克思主义行，是中国化时代化的马克思主义行"，这就需要从新时代十年伟大变革来认识推动马克思主义理论时代转化和创新发展的重大意义。

让马克思主义在中国大地始终保持蓬勃生机和旺盛活力，才能明确宣示新征程上要举什么旗、走什么路，以什么样的精神状态、朝着什么样的目标继续前进。思想就是旗帜，旗帜决定方向。习近平新时代中国特色社会主义思想是当代中国大踏步赶上时代、引领时代的旗帜，决定着当代中国的发展方向，也决定着未来中国的前途命运。因此，新时代坚持和发展中国特色社会主义，要一以贯之，在方向、道路、立场等重大原则问题上，必须做到旗帜鲜明、态度坚定，不能有丝毫含糊。坚持正确方向，就是要在根本性问题上不出现颠覆性错误，这就要求牢牢坚持马克思主

## 第二章　在守正创新中开辟马克思主义中国化时代化新境界

义基本原理不动摇，坚持党的全面领导不动摇，坚持中国特色社会主义不动摇。同时，弘扬伟大建党精神，勇于站在时代前列，随着党对建设社会主义现代化国家在认识上不断深入、在战略上不断成熟、在实践上不断丰富，党善于结合新的实践基础推进理论创新，善于用新的理论指导新的实践，推动党和国家事业发生历史性变革、取得历史性成就。实践充分证明，中国共产党把马克思主义基本原理同中国具体实际相结合、同中华优秀传统文化相结合，守正创新，独立自主，历经千辛万苦开创了中国特色社会主义道路，这条道路是通往民族复兴伟大梦想的康庄大道。归根到底是马克思主义行，是中国化时代化的马克思主义行，行就行在方向道路的矢志不渝。

让马克思主义在中国大地始终保持蓬勃生机和旺盛活力，才能不断创造出无愧于历史、无愧于人民的伟大成就。十年来，中国共产党以中国化时代化的马克思主义为理论指引和实践遵循，全面贯彻党的基本路线、基本方略，采取一系列战略性举措，推进一系列变革性实践，实现一系列突破性进展，取得一系列标志性成果，经受住了来自政治、经济、意识形态、自然界等方面的风险挑战考验，党和国家事业取得历史性成就、发生历史性变革，推动我国迈向全面建设社会主义现代化国家新征程。十年来，我们经历了对党和人民事业具有重大现实意义和深远历史意义的三件大事：一是迎来中国共产党成立一百周年；二是中国特色社会主义进入新时代；三是完成脱贫攻坚、全面建成小康社会的历史任务，实现第一个百年奋斗目标。这些彪炳中华民族发展史册的历史性胜利，离不开中国共产党的坚强领导，离不开习近平新时代中国特色社会主义思想的科学指导。新时代十年的伟大变革使科学社会主义在21世纪的中国焕发出新的蓬勃生机。实践充分证明，党的十八大以来，以习近平同志为核心的党中央坚持以马克思主义为指导，不断推进马克思主义中国化时代化并用于指导中国实践所作出的战略部署是完全正确的。归根到底是马克思主义行，是中国化时代化的马克思主义行，行就行在部署举措的切实可行。

　　让马克思主义在中国大地上始终保持蓬勃生机和旺盛活力，才能紧跟时代步伐，回应党和国家事业发展的重大课题。当代中国正在经历人类历史上最为宏大而独特的实践创新，改革发展稳定任务之重、矛盾风险挑战之多、治国理政考验之大都前所未有，世界百年未有之大变局深刻变化前所未有，提出了大量亟待回答的理论和实践课题。推进马克思主义中国化时

## 第二章 在守正创新中开辟马克思主义中国化时代化新境界

代化的任务不是轻了,而是更重了。面对关系党和国家事业发展、党治国理政的一系列重大时代课题,只有坚持以习近平新时代中国特色社会主义思想为指导,不断推进马克思主义中国化时代化,才能科学观察时代、引领时代,才能回应人民需要,才能始终站在历史正确的一边、站在人类进步的一边。中国共产党和中国人民坚持运用马克思主义分析问题、解决问题,探索出中国式现代化,为人类实现现代化提供了新的选择,为解决人类面临的共同问题提供更多更好的中国智慧、中国方案、中国力量。实践充分证明,坚持对马克思主义的守正创新,不仅关乎中华民族伟大复兴,也关乎人类的命运、历史的走向。归根到底是马克思主义行,是中国化时代化的马克思主义行,行就行在回应时代的理论自觉。

当前,时代变化与我国发展的广度和深度远远超出了马克思主义经典作家当时的想象。马克思主义必须随着实践的变化而发展,必须中国化时代化,只有这样才能落地生根、深入人心。实践发展永无止境,理论创新永无止境,新时代的中国共产党人坚持解放思想、实事求是、守正创新,让马克思主义在中国牢牢扎根,始终保持蓬勃生机和旺盛活力。

## 三、习近平新时代中国特色社会主义思想实现了马克思主义中国化时代化新的飞跃

坚持和发展马克思主义，必须同中国具体实际相结合、同中华优秀传统文化相结合。习近平新时代中国特色社会主义思想是"两个结合"的生动典范，是当代中国马克思主义、21世纪马克思主义，是中华文化和中国精神的时代精华，实现了马克思主义中国化时代化新的飞跃。不断谱写马克思主义中国化时代化新篇章，是中国共产党人的庄严历史责任。

### （一）当代中国马克思主义、21世纪马克思主义

中国特色社会主义新时代是一个迫切需要科学理论而且一定能够产生科学理论的时代。中国共产党为什么能，中国特色社会主义为什么好，就在于中国共产党不断推进马克思主义中国化时代化并用以指导实践，在实践创新基础上实现理论创新，不断开辟马克思主义中国化时代化新境界。习近平新时代中国特色社会主义思想是当代中国马克思主义、21世纪马克思主义，实现了马克思主义中国化时代化新的飞跃。

## 第二章　在守正创新中开辟马克思主义中国化时代化新境界

一个民族要走在时代前列,就一刻不能没有理论思维,一刻不能没有正确思想指引。马克思主义基本原理是普遍真理,但马克思主义经典作家并没有穷尽真理,而是为追求真理和发展真理开辟道路。面对实践提出的新问题,我们应坚持以马克思主义为指导,运用其科学的世界观和方法论解决中国的问题,而不是要背诵和重复其具体结论和词句,更不能把马克思主义当成是一成不变的教条。党的十八大以来,面对国内外新形势新变化和实践新要求,以习近平同志为核心的党中央始终坚持马克思主义指导地位不动摇,以巨大的政治勇气和高度的历史自觉,从理论和实践的结合上深入回答关系党和国家事业发展、党治国理政的一系列重大时代课题。虽然理论探索和实践检验的过程是艰辛的,但是我们党勇于进行理论探索和创新,以全新的视野深化对共产党执政规律、社会主义建设规律、人类社会发展规律的认识,取得重大理论创新成果,集中体现为习近平新时代中国特色社会主义思想。党的十九大、十九届六中全会提出的"十个明确""十四个坚持""十三个方面成就"概括了这一思想的主要内容,必须长期坚持并不断丰富发展。习近平总书记是习近平新时代中国特色社会主义思想的主要创立者。党的十八大以来,以习近平同志为核心的党中央，领导全党全军全国各族人民自信自强、守正创新、踔厉奋发、勇毅前行，解决了许多长期想解决而没有解决的难题，办成了许多过去想办而没有办成的大事，创造了新时代中国特色社会主义的伟大成就，实现中华民族伟大复兴进入不可逆转的历史进程。

推进马克思主义中国化时代化是一个追求真理、揭示真理、笃行真理的过程。习近平新时代中国特色社会主义思想坚持解放思想、实事求是、守正创新，将马克思主义基本原理同中国具体实际相结合、同中华优秀传统文化相结合，坚持运用辩证唯物主义和历史唯物主义正确回答时代和实践提出的重大问题。推进马克思主义中国化时代化的重要任务，就在于回答中国之问，解决中国实际问题。以习近平同志为核心的党中央以宏大的历史视野观察中国特色社会主义所处的历史方位，敏锐地捕捉到社会主要矛盾的变化，以此为依据作出了中国特色社会主义进入新时代的重大判断，精准标定了中国特色社会主义的新的历史方位。立足新的发展阶段，我们党坚持理论创新和实践创新的良性互动，提出了一系列治国理政新理念、新思想、新战略，不断将马克思主义中国化时代化推进到新的水平和阶段。同时，推进马克思主义中国化时代化，还要回应世界之问，为人类面临的共同问题提

## 第二章 在守正创新中开辟马克思主义中国化时代化新境界

供中国智慧。以习近平同志为核心的党中央以辩证思维审视当今中国所面临的历史机遇和时代背景，指出了实现中华民族伟大复兴的战略全局和百年未有之大变局，将"两个大局"作为谋划工作的基本出发点，为推动经济社会发展和内政外交决策提供了基本遵循，中国式现代化为人类实现现代化提供了新的选择，中国共产党和中国人民为人类和平与发展崇高事业作出了新的更大的贡献。此外，推进马克思主义中国化时代化，还要解答人民之问，激发人民群众投身于全面建设社会主义现代化国家的历史伟力。只有尊重人民实践智慧、回应人民理论关切、贴近人民理论诉求，马克思主义中国化时代化的群众基础才能深厚。习近平新时代中国特色社会思想是解答人民之问的科学理论，例如全过程人民民主如何完善和发展、全体人民共同富裕如何实现、人与自然和谐共生如何成为现实等等，是真正造福人民的理论，是人民真正喜爱、认同和拥护的理论，是指导人民认识世界和改造世界的强大思想武器。

总之，伟大时代产生伟大理论，伟大理论指引伟大实践。习近平新时代中国特色社会主义思想着眼于解决新时代改革开放和社会主义现代化建设的实际问题，不断回答中国之问、世界之问、人民之问、时代之问，作出符合中国实际和时代要求的正确回答，得出符合客观规律的科学认识，是当代中国马克思主义、21世纪马克思主义，是实现中华民族伟大复兴的思想指导和行动指南。

## （二）中华文化和中国精神的时代精华

党的十八大以来，以习近平同志为核心的党中央既注重发挥马克思主义的真理力量，也强调发挥中华优秀传统文化的丰厚滋养，形成指导实践的强大理论武器，以深厚的精神基因与共同的价值追求积蓄扬帆新征程的磅礴伟力，在新时代中国特色社会主义实践中形成习近平新时代中国特色社会主义思想。"中华文化和中国精神的时代精华"鲜明地反映了习近平新时代中国特色社会主义思想在新的历史条件下，把历史中国和当代中国贯通起来，把马克思主义基本原理同中华优秀传统文化结合起来，实现了马克思主义中国化时代化新的飞跃，推动中华文化和中国精神绽放出新的时代光彩。

用马克思主义真理力量激活中华优秀传统文化的生命力。当代中国既是中国共产党领导下的社会主义中国，也是具有五千多年历史的古老中国的当代存在。马克思主义与中华优秀传统文化都是中国共产党的重要思想理论渊源，马克思主义是我们立党立国、兴党兴国的根本指导思想，为中国革命、建设、改革提供了根本指南与强大思想武器。中华优秀传统文化是中华民族的精神血脉和文化之根，提供了深厚的历史积淀与精神滋养，二者缺一不可。对于二者关系的处理，中国共产党在百年奋斗中探寻到了一条正确途径，那就是将马克思主义基本原理同中华优秀传统文化相结合，在相融相通中共同推进中国特色社会主义的发展。在二者结合中对中华优秀传统文化的重视，并不等同于文化复古主义，那种企图用"儒化"了的意识形态话语体系代替马克思主义的做法是机械的、错误的，不但有悖于巩固马克思主义在我国意识形态领域的指导地位，而且会割裂马克思主义和中华优秀传统文化之间相互依存、相互促进的关系。在科学认识马克思主义与中华优秀传统文化的关系中理解习近平新时代中国特色社会主义思想，不难发现，正是坚持马克思主义的科学指引，中华优秀传统文化才更好地发挥价值与作用，展现魅力与精神伟力，为马克思主义中国化时代化提供深厚的历史文化支撑。中华优秀传统文化同科学社会主义价值观主张具有高度契合性，这就要求我们坚守马克思主义立场观点方法，用马克思主义真理的力量激活中华优秀传统文化的生命力，使中华文明再次迸发出强大精神力量。

以中华优秀传统文化丰富和发展当代中国马克思主义、21世纪马克思主义。只有植根本国、本民族历史文化沃土，马克思主义真理之树才能根深叶茂。一方面，中华优秀传统文化为马克思主义扎根中国大地提供了历史文化根基。正是同中华优秀传统文化相结合，马克思主义才能契合中国人特有的知识智慧和理性思辨，提升自身对中国现实的解释力，在理论上更具说服力；才能在实践中以符合中国人的思想方式和行为方式为人们所接受，进而激发人们的积极性、主动性和创造性来改造中国、创造奇迹，在实践中更具推动力。另一方面，马克思主义为中华优秀传统文化的继承发展指明了方向。正是因为同马克思主义基本原理相结合，中华优秀传统文化才能朝着中国特色社会主义文化方向不断发展，对内产生强大的亲和力、向心力、凝聚力，对外产生强大的感染力、吸引力；才能更符合历史发展的趋势，符合时代发展的要求，激发内在的生命力，谱写创新发展的新篇章。习近平新时代中国特色社会主义思想是马克思主义基本原理同中华优秀传统文化相结合的理论成果，不仅实现马克思主义中国化时代化新的飞跃，还以中华文化为源头活水，从中华文化五千多年的积淀中汲取人文精神、道德价值、历史智慧等精华养分。习近平总书记高度重视中华优秀传统文化,在党的二十大报告中指出:"我们必须坚定历史自信、文化自信,坚持古为今用、推陈出新,把马克思主义思想精髓同中华优秀传统文化精华贯通起来、同人民群众日用而不觉的共同价值观念融通起来,不断赋予科学理论鲜明的中国特色,不断夯实马克思主义中国化时代化的历史基础和群众基础,让马克思主义在中国牢牢扎根。"[①] 中华优秀传统文化源远流长、博大精深,只有赋予中华优秀传统文化新的时代内涵和现代表达形式,推动中华优秀传统文化创造性转化和创新性发展,进而运用丰厚的中国历史智慧为中华民族伟大复兴服务,为全面建设社会主义现代化强国服务,为治国理政服务,为践行社会主义核心价值观服务。

总之,习近平新时代中国特色社会主义思想以鲜明的文化自信和文化自觉,服务于新时代中国特色社会主义事业发展全局,彰显了中华文化和中国精神持续不竭的风采与魅力。这种浓郁的中国气派,是习近平新时代中国特色社会主义思想的突出特征,其理论

---

① 习近平:《高举中国特色社会主义伟大旗帜 为全面建设社会主义现代化国家而团结奋斗——在中国共产党第二十次全国代表大会上的报告》,人民出版社2022年版,第18页。

实质就是充分利用中华优秀传统文化丰富和发展当代中国马克思主义、21世纪马克思主义。

### （三）不断谱写马克思主义中国化时代化新篇章

实践没有止境，理论创新也没有止境。不断谱写马克思主义中国化时代化新篇章，是当代中国共产党人的庄严历史责任。新时代新征程上，我们要继续推进实践基础上的理论创新，坚持在守正创新中不断谱写马克思主义中国化时代化新篇章。

不断谱写马克思主义中国化时代化新篇章，要把握好习近平新时代中国特色社会主义思想的世界观和方法论，坚持好、运用好贯穿其中的立场观点方法。党的二十大报告对习近平新时代中国特色社会主义思想作出了更深刻的诠释，创新性地提出了"六个坚持"：坚持人民至上、坚持自信自立、坚持守正创新、坚持问题导向、坚持系统观念、坚持胸怀天下。[①] 这"六个坚持"深刻揭示了这一科学思想的世界观和方法论，"六个坚持"构成相互联系、内在统一的有机整体，体现在习近平新时代中国特色社会主义思想"十个明确""十四个坚持""十三个方面成就"的全部内

---

[①] 习近平：《高举中国特色社会主义伟大旗帜　为全面建设社会主义现代化国家而团结奋斗——在中国共产党第二十次全国代表大会上的报告》，人民出版社2022年版，第19—21页。

容之中。完整、系统、深刻地领悟"六个坚持",把握贯穿其中的立场观点方法,是推进马克思主义中国化时代化的根本遵循,也是新时代新征程实现第二个百年奋斗目标的现实需要。要持续深入学习领会习近平新时代中国特色社会主义思想的世界观和方法论,做到知其言更知其义、知其然更知其所以然,切实将之贯彻落实到党和国家工作的各方面、全过程。

不断谱写马克思主义中国化时代化新篇章,要坚持把马克思主义基本原理同中国具体实际相结合、同中华优秀传统文化相结合。中国共产党坚持解放思想和实事求是相统一、固本培元和守正创新相统一,这是我们不断推进马克思主义中国化时代化的宝贵经验。中国共产党不仅是马克思主义的坚定信仰者和实践者,也是中华优秀传统文化的忠实传承者和弘扬者。纵观中国共产党百年历史,马克思主义的科学真理与中华文化、中国精神的历史智慧贯穿始终。我们党始终坚持把马克思主义基本原理同中华优秀传统文化相结合,传承中华文脉、构筑中国精神。推进马克思主义中国化时代化,就要植根本国、本民族历史文化沃土,让马克思主义在中国牢牢扎根,让中华文化展现出更加璀璨的风采。面对快速变化的世界和中国,我们必须坚持运用辩证唯物主义和历史唯物主义,坚持解放思想、实事求是、与时俱进、求真务实，一切从实际出发，准确把握时代大势，勇于站在时代前沿，聆听人民心声，回应现实需要，把坚持马克思主义和发展马克思主义统一起来，坚持用马克思主义之"矢"去射新时代中国之"的"，使中国化时代化的马克思主义更好地指导中国实践。

迈上全面建设社会主义现代化国家新征程，我们要不断提高运用中国化时代化马克思主义分析和解决实际问题的能力，自觉用习近平新时代中国特色社会主义思想武装头脑、凝聚力量、指导实践，不断夯实马克思主义中国化时代化的历史基础和群众基础，让马克思主义在中国牢牢扎根，让中国发展进步的命运牢牢掌握在自己手中，让习近平新时代中国特色社会主义思想在中国大地上展现更为强大的真理力量。

# 第三章　在守正创新中开辟科学社会主义新纪元

一百多年来，从救国大业到兴国大业，从富国大业到强国大业，中国共产党始终坚持守正创新，始终坚持马克思主义，将科学社会主义同中国具体实践相结合，持续推进科学社会主义创新发展，引领和推动社会主义伟大事业不断前进。党的十八大以来，习近平总书记深刻把握历史新方位、时代新变化和实践新要求，围绕新时代坚持和发展什么样的中国特色社会主义、怎样坚持和发展中国特色社会主义等重大时代课题，进行了艰辛的理论探索和伟大的实践斗争，形成了习近平新时代中国特色社会主义思想。习近平新时代中国特色社会主义思想是中国化时代化马克思主义的最新理论成果，是马克思主义科学社会主义理论的新的飞跃，开辟了科学社会主义新纪元。

## 一、中国特色社会主义是科学社会主义，不是别的什么主义

守正是创新的前提和根基。中国特色社会主义是实现中华民族伟大复兴的必由之路，要守方向、守立场，要守科学社会主义之"正"。"中国特色社会主义是社会主义而不是其他什么主义，科学社会主义基本原则不能丢，丢了就不是社会主义"①，任何偏离科学社会主义原则方向立场的创新必然会误入歧途。随着中国特色社会主义进入新时代，科学社会主义在21世纪的中国焕发出新的蓬勃生机。

（一）科学社会主义基本原则不能丢，丢了就不是社会主义

科学社会主义是中国特色社会主义之"源"，是建设和发展中国特色社会主义的内在遵循。马克思、恩格斯以剩余价值理论和唯物史观为两大理论基石，生动地阐述了资本主义被社会主义代替的必然性，深刻地分析了人类社会基本矛盾和历史发展一般规律，创立了科学社会主义理论。科学社会主义是马克思主义

---

① 《习近平谈治国理政》第一卷，外文出版社2018年版，第22页。

## 第三章 在守正创新中开辟科学社会主义新纪元

的重要组成部分,是指导无产阶级解放的科学理论,直接体现了无产阶级及其广大人民群众的根本利益。任何科学的理论都有自己必须坚守的基本原则。科学社会主义基本原则集中体现了科学社会主义的主要内容和基本特征,是判定一个国家是否为社会主义的客观标准,是社会主义国家必须坚守的。

自创立科学社会主义理论以来,科学社会主义从理论到实践、由一国实践到多国实践,至今已经走过了一百七十多年的发展历程。回溯历史的正反经验可以发现,科学社会主义基本原则不能丢,一旦丢弃,就会走上歧路死路,更有可能会导致亡党亡国。

俄国十月革命是科学社会主义由理论到实践取得重大成功的第一次革命事件。列宁坚持科学社会主义基本原则,始终坚定资本主义必然灭亡、社会主义必然胜利的信念信心,始终坚持无产阶级政党的领导,带领无产阶级及劳动群众肩负起推翻旧世界、建设新世界的历史使命,于1917年11月7日发动了武装起义,建立苏维埃政府,推翻了资产阶级临时政府反动统治,取得了无产阶级革命的胜利。十月革命的胜利不仅证明了无产阶级的无穷力量,也标志着科学社会主义的胜利。之后,在俄国社会主义的建设过程中,列宁坚持科学社会主义原则，以科学社会主义基本原则指导俄国的社会主义经济、政治、文化等方面建设。如战时共产主义政策和新经济政策，都是无产阶级政权为向社会主义过渡而实施的措施，巩固了苏维埃政权，没有因为形势的变化而放弃无产阶级的领导权，体现了对科学社会主义基本原则的坚守。

在俄国社会主义革命与建设的伟大成就影响下，亚非拉许多国家在民族独立之后坚持科学社会主义基本原则，走上了社会主义发展道路。但在西方资本主义国家的和平演变、执政党内部的腐败和改革指导思想的偏离、民族分裂势力的破坏等多种因素作用下，最终导致了东欧剧变、苏联解体的严重后果。究其根本原因，就在于这些社会主义国家放弃了科学社会主义基本原则，使党和国家失去了存在和发展的合法性、正义性。具体而言，政治上，否定和背叛党的领导的基本原则，抛弃民主集中制，效仿西方国家实行多党制；经济上，放弃社会主义公有制的基本原则，主张私有化，推行自由市场经济，社会主义经济基础土崩瓦解；立场上，否定人民主体的基本原则，打着改革旗号，倡导"休克疗法"，实则为了争夺权力，背离人民群众的根本利益；信仰上，放弃共产主义崇高理想的基本原则，倡导资本主义的自由、平等、博爱，理

## 第三章 在守正创新中开辟科学社会主义新纪元

想信念坍塌，最终走上了亡党亡国的道路。

而反观此时的中国，始终坚持科学社会主义原则，在中国共产党的领导下通过改革开放，建立和完善社会主义市场经济体制，发展中国特色社会主义经济、政治、文化，成为国际共产主义运动处于低潮阶段坚持和发展科学社会主义的典范，进一步彰显了科学社会主义基本原理的科学性，成功地把科学社会主义推向21世纪。

（二）坚持和发展中国特色社会主义，就是真正坚持科学社会主义

创新是对守正的继承和发展，创新是为了更好地守正。坚持和发展中国特色社会主义，就不能对科学社会主义抱着教条主义的态度，"我们要以科学的态度对待科学，以真理的精神追求真理，不断赋予马克思主义以新的时代内涵"[①]。究其本质而言，"在当代中国，坚持和发展中国特色社会主义，就是真正坚持社会主义"[②]。

"一个国家实行什么样的主义，关键要看这个主义

---

[①] 《深刻感悟和把握马克思主义真理力量 谱写新时代中国特色社会主义新篇章》，《人民日报》2018年4月25日。
[②] 《习近平谈治国理政》第一卷，外文出版社2018年版，第9页。

能否解决这个国家面临的历史性课题。"① 20世纪初，科学社会主义传入中国，深刻改变了中国人民和中华民族的前途和命运，深刻改变了中国积贫积弱的社会面貌。进入21世纪，面对生态失衡、环境污染、信仰危机等全球性问题，民主社会主义、生态社会主义、新自由主义等各类社会思潮沉渣泛起，我们既要看到这些社会思潮关注民主、关注生态、关注自由的重要作用，又要深刻认识到它们与科学社会主义的本质区别。这些社会思潮无论如何演绎转换甚至改头换面，依然是在不改变资本主义制度的前提下的资产阶级性质的改良。中国之所以能顺利地走过风风雨雨，成功地应对挫折考验，取得一个又一个成就，就在于中国共产党始终在坚持和发展中国特色社会主义中坚持科学社会主义。

一是始终坚持无产阶级政党的领导。无产阶级政党是无产阶级的先锋队，是用科学理论武装起来的政党。在社会主义国家，共产党是最高政治领导力量。只有始终坚持和加强党的领导，社会主义建设事业才能不断取得新的胜利。新中国成立以来，中国共产党始终坚持和加强党的领导，带领中国人民开创、坚持

---

① 《习近平谈治国理政》第一卷，外文出版社2018年版，第22页。

和发展了中国特色社会主义。如2020年，一场新冠疫情突袭荆楚大地，蔓延波及全国，正是在以习近平同志为核心的党中央的坚强领导下，我国抗疫斗争才取得了重大胜利。"抗疫斗争伟大实践再次证明，中国共产党所具有的无比坚强的领导力，是风雨来袭时中国人民最可靠的主心骨。"①

二是始终坚持大力解放和发展生产力，以满足全体社会成员的需要为生产的根本目的。邓小平同志在南方谈话中专门谈及社会主义的本质，即解放和发展生产力，消灭剥削，消除两极分化，最终实现共同富裕。社会主义国家只有始终坚持大力解放和发展生产力，才能创造出比资本主义更为丰富的社会财富，才能彰显出社会主义的优越性。改革开放以来，中国共产党就始终牢牢扭住经济建设这个中心，不断提高人民群众的生活水平，筑牢共同富裕的物质基础，不断满足人民对美好生活的向往。直至2021年，我国脱贫攻坚战取得全面胜利，全国832个贫困县全部摘帽，现行标准下9899万农村贫困人口全部脱贫。随着我国全面建成小康社会，中国共产党始终坚持发展是硬道理的战略思想，坚持大力解放和发展生产力毫

---

① 《习近平谈治国理政》第四卷，外文出版社2022年版，第101页。

不动摇,"把促进全体人民共同富裕摆在更加重要的位置,脚踏实地,久久为功,向着这个目标更加积极有为地进行努力"①。

三是始终坚定理想信念。"坚定理想信念,坚守共产党人精神追求,始终是共产党人安身立命的根本。对马克思主义的信仰,对社会主义和共产主义的信念,是共产党人的政治灵魂,是共产党人经受住任何考验的精神支柱。"② 中国共产党自成立以来,就把实现共产主义作为最高理想和最终目标,把共产主义写在了自己的旗帜上,就肩负起为中国人民谋幸福、为中华民族谋复兴的初心使命。一百多年来,中国共产党经千难而百折不挠、历万险而矢志不渝,靠的就是对共产主义理想信念的坚守和践行。

可以说,在开创、坚持和发展中国特色社会主义的各个历史阶段,中国共产党始终坚持科学社会主义,始终牢牢把握科学社会主义的基本原则,旗帜鲜明地反对各种对中国特色社会主义的歪曲和误解,始终如一地做到了正科学社会主义之"本",清中国特色社会主义之"源"。

---

① 习近平:《论把握新发展阶段、贯穿新发展理念、构建新发展格局》,中央文献出版社2021年版,第424页。

② 《习近平谈治国理政》第一卷,外文出版社2018年版,第15页。

第三章　在守正创新中开辟科学社会主义新纪元

（三）科学社会主义在 21 世纪的中国焕发出强大生机活力

守正不是守旧，也不是守成，更不是回避创新。社会主义从来都是在奋进中不断前进的，不可能因循守旧、一成不变；科学社会主义理论也不是信条或教义，不能"为死教条而牺牲活的马克思主义"①，必然随着科学社会主义实践的发展而发展。党的十八大以来，以习近平同志为核心的党中央统筹中华民族伟大复兴战略全局和世界百年未有之大变局，牢牢坚守科学社会主义的基本原则、根本立场、根本任务和最终奋斗目标，紧紧抓住坚持和发展中国特色社会主义这一主线，立足时代变化的新特征和中国特色社会主义发展的新要求，全面阐述事关中国特色社会主义前途命运的一系列重大原则问题，推动党和国家事业发生历史性变革、取得历史性成就，开创了中国特色社会主义新时代，科学社会主义在 21 世纪的中国焕发出强大生机活力。

一是在守科学社会主义之"正"中巩固了中国共产党的执政地位和执政基础。党的十八大以来，以习

---

① 《列宁选集》第三卷，人民出版社 2012 年版，第 27 页。

近平同志为核心的党中央坚持和加强党的全面领导，不断巩固党的执政地位，"明确中国特色社会主义最本质的特征是中国共产党领导，中国特色社会主义制度的最大优势是中国共产党领导"①，深入推进新时代党的建设新的伟大工程，加强思想建设、政治建设、组织建设、纪律建设和作风建设，凝聚了党心军心民心，使拥有九千六百多万名党员的中国共产党空前团结。同时，以习近平同志为核心的党中央也在坚持和加强党的全面领导中不断巩固党的执政基础，引导全党始终牢记"为民造福是立党为公、执政为民的本质要求"②，始终坚守初心使命，不断加强党与人民群众的血肉联系，从全面建成小康社会到扎实推动共同富裕，无不体现着中国共产党全心全意为人民服务的宗旨。

二是在守科学社会主义之"正"中彰显了社会主义制度的显著优势。党的十八大以来，中国共产党始终坚持和发展生产力，全面推进深化改革，推动中国特色社会主义制度更加成熟、更加定型。一方面，中国共产党带领人民立足新发展阶段、贯彻新发展理念、

---

① 习近平：《高举中国特色社会主义伟大旗帜　为全面建设社会主义现代化国家而团结奋斗——在中国共产党第二十次全国代表大会上的报告》，人民出版社2022年版，第6页。

② 习近平：《高举中国特色社会主义伟大旗帜　为全面建设社会主义现代化国家而团结奋斗——在中国共产党第二十次全国代表大会上的报告》，人民出版社2022年版，第46页。

## 第三章 在守正创新中开辟科学社会主义新纪元

构建新发展格局,毫不动摇地巩固和发展社会主义公有制,牢牢把握社会主义方向,"推动有效市场和有为政府更好结合,充分发挥市场在资源配置中的决定性作用"①,彰显社会主义市场经济体制的显著优势。另一方面,"坚持和完善新型举国体制,不断增强领导力、组织力、执行力"②,充分发挥集中力量办大事的社会主义优势,集中力量建设了一个个重大工程、重点项目,创造了经济快速发展奇迹和社会长期稳定奇迹。

三是在守科学社会主义之"正"中实现了实践基础上的理论创新。以习近平同志为核心的党中央,坚守科学社会主义本色,坚持把马克思主义基本原理同中国具体实际相结合、同中华优秀传统文化相结合,勇于进行理论探索和创新,系统回答了"新时代坚持和发展什么样的中国特色社会主义、怎样坚持和发展中国特色社会主义,建设什么样的社会主义现代化强国、怎样建设社会主义现代化强国,建设什么样的长期执政的马克思主义政党、怎样建设长期执政的马克

---

① 习近平:《在中国科学院第二十次院士大会、中国工程院第十五次院士大会、中国科协第十次全国代表大会上的讲话》,人民出版社2021年版,第13页。

② 习近平:《论把握新发展阶段、贯穿新发展理念、构建新发展格局》,中央文献出版社2021年版,第345—346页。

思主义政党等重大时代课题"①，科学回答了中国之问、世界之问、人民之问、时代之问，为解决人类发展问题贡献了中国智慧和中国方案，开辟了马克思主义中国化时代化新境界，实现了马克思主义中国化新的飞跃。步入新时代中国特色社会主义的中国已经成为屹立在世界东方的社会主义高地，中国共产党团结带领的中国人民正在用脚踏实地的行动续写着世界社会主义更加伟大的历史新篇章。

## 二、中国特色社会主义是科学社会主义理论逻辑和中国社会发展历史逻辑的辩证统一

创新不是无源之水、无本之木，是对守正的继承与发展。中国特色社会主义是科学社会主义在当代中国发展的创新形态，既体现了守正的基本要求，又赋予了创新的时代内涵。正如习近平总书记所说："中国特色社会主义，是科学社会主义理论逻辑和中国社会发展历史逻辑的辩证统一，是根植于中国大地、反映中国人民意愿、适应中国和时代发展进步要求的科

---

① 《中共中央关于党的百年奋斗重大成就和历史经验的决议》，人民出版社 2021 年版，第 25—26 页。

学社会主义。"① 中国特色社会主义以全新的视野深化了对共产党执政规律、社会主义建设规律、人类社会发展规律的认识，将理论和实践结合，科学回答了在中国这样一个人口多、底子薄的东方大国建设什么样的社会主义、怎样建设社会主义这个根本问题，具有其自身的历史发展逻辑、理论发展逻辑和实践发展逻辑。

（一）中国特色社会主义的历史发展逻辑

中国特色社会主义的创新发展不是一蹴而就的，习近平总书记强调："中国特色社会主义不是从天上掉下来的，而是在改革开放40年的伟大实践中得来的，是在中华人民共和国成立近70年的持续探索中得来的，是在我们党领导人民进行伟大社会革命97年的实践中得来的，是在近代以来中华民族由衰到盛170多年的历史进程中得来的，是对中华文明5000多年的传承发展中得来的。"②

1956年，随着社会主义改造的基本完成和社会主义基本制度的确立，"如何建设社会主义"成为摆在全

---

① 中共中央文献研究室编：《习近平关于实现中华民族伟大复兴的中国梦论述摘编》，中央文献出版社2013年版，第26页。
② 《习近平谈治国理政》第三卷，外文出版社2020年版，第70页。

党和全国人民面前的一个全新历史课题。以毛泽东同志为主要代表的中国共产党人以苏为鉴，充分考虑中国的具体实际，"找出在中国进行社会主义革命和建设的正确道路，制定把我国建设成为一个强大的社会主义国家的战略思想"①。《论十大关系》《关于正确处理人民内部矛盾的问题》等是我国在艰苦探索社会主义过程中取得的重要理论成果，为后来开创中国特色社会主义提供了理论准备。

1978年12月13日，邓小平同志在中央工作会议的闭幕会上，作了题为《解放思想，实事求是，团结一致向前看》的重要讲话。这一讲话强调了"只有解放思想，坚持实事求是，一切从实际出发，理论联系实际，我们的社会主义现代化建设才能顺利进行"②的重要性，对于探索适合中国国情的社会主义道路具有重要的指导意义。1978年12月18日，党的十一届三中全会在京召开，全会作出把党的工作中心转移到经济建设上来、实行改革开放的历史性决策。"从这时起，中国共产党人和中国人民踏上了建设中国特色社会主义新的伟大征程，以一往无前的进取精神和波澜

---

① 中共中央文献研究室编：《十八大以来重要文献选编》（上），中央文献出版社2014年版，第691页。
② 《邓小平文选》第二卷，人民出版社1994年版，第143页。

## 第三章 在守正创新中开辟科学社会主义新纪元

壮阔的创新实践,开创和发展中国特色社会主义。"①邓小平同志作为改革开放和社会主义现代化的总设计师,对开创中国特色社会主义作出了卓越贡献,他"深刻揭示社会主义本质,确立社会主义初级阶段基本路线,明确提出走自己的路、建设中国特色社会主义,科学回答了建设中国特色社会主义的一系列基本问题,成功开创了中国特色社会主义"②。

世纪之交,国际形势风云变幻,西方敌对势力西化、分化我国的图谋没有改变。以江泽民同志为核心的党的第三代中央领导集体坚定不移坚持和发展中国特色社会主义,不断深化对社会主义现代化建设规律的认识,抓住机遇而不丧失机遇,开拓进取而不因循守旧,领导党和国家制定和实施了促进改革发展稳定的一系列方针政策和重大战略,"确立了党的基本纲领、基本经验,确立了社会主义市场经济体制的改革目标和基本框架,确立了社会主义初级阶段的基本经济制度和分配制度,开创全面改革开放新局面,推进党的建设新的伟大工程,成功把中国特色社会主义推向二

---

① 中共中央党史研究室:《中国共产党的九十年》,中共党史出版社、党建读物出版社2016年版,第660页。
② 胡锦涛:《坚定不移沿着中国特色社会主义道路前进 为全面建成小康社会而奋斗——在中国共产党第十八次全国代表大会上的报告》,人民出版社2012年版,第11页。

十一世纪"①。

　　21世纪初,一场突如其来的传染性非典型肺炎给广大人民群众的生命安全带来威胁,也给经济社会发展带来新挑战。以胡锦涛同志为主要代表的中国共产党人开始深入思考中国特色社会主义的本质特征,对社会主义应该实现什么样的发展进行了深入探索。胡锦涛同志指出:"树立和落实科学发展观,这是二十多年改革开放实践的经验总结,是战胜非典疫情给我们的重要启示,也是推进全面建设小康社会的迫切要求。"② 在新的历史起点上,以胡锦涛同志为核心的党中央坚持和发展了中国特色社会主义。

　　党的十八大以来,以习近平同志为核心的党中央团结带领全国各族人民毫不动摇坚持和发展中国特色社会主义,深刻回答了新时代坚持和发展什么样的中国特色社会主义、怎样坚持和发展中国特色社会主义等重大时代课题,创立了习近平新时代中国特色社会主义思想,确立了习近平同志党中央的核心、全党的核心地位,攻克了许多长期没有解决的难题,办成了许多事关长远的大事要事,推动党和国家事业取得举

---

　　① 胡锦涛:《坚定不移沿着中国特色社会主义道路前进　为全面建成小康社会而奋斗——在中国共产党第十八次全国代表大会上的报告》,人民出版社2012年版,第11页。
　　② 《胡锦涛文选》第二卷,人民出版社2016年版,第104页。

世瞩目的重大成就,彰显了中国特色社会主义的强大生机活力,开创了党和国家事业发展新局面,成功开辟了中国特色社会主义新境界,实现中华民族伟大复兴进入不可逆转的历史进程。

(二) 中国特色社会主义的理论发展逻辑

"理论的生命力在于不断创新,推动马克思主义不断发展是中国共产党人的神圣职责。"① 中国特色社会主义的理论发展逻辑不是简单套用科学社会主义的理论逻辑而发展起来的,而是在改革中守正创新、不断超越自己,在开放中博采众长、不断完善自己,从而逐步形成和确立起来的。

一是中国特色社会主义突破了以高度集权为基本特点的苏联模式。我国在社会主义建设初期主张"以俄为师,走俄国人的路",并把苏联模式等同于社会主义的标准模式。但经过社会主义建设初期的探索,中国共产党人开始意识到苏联模式不适合我国国情,采取了"以苏为鉴,走自己的路"的方针。在这一认识转变的过程中,毛泽东同志提出了农、轻、重统筹兼顾,实现"四个现代化"的发展战略思想。他批判了苏联模式片面发展重工业、忽视农业和轻工业的政策,

---

① 《习近平谈治国理政》第三卷,外文出版社 2020 年版,第 76 页。

明确指出:"现在是社会主义革命和建设时期,我们要进行第二次结合,找出在中国怎样建设社会主义的道路。"[1] 从这一重要论述中可以发现,中国共产党领导人已经发现了苏联模式的弊端,开始探索具有中国特色的社会主义发展道路。改革开放以来,中国共产党怀有思想解放的理论勇气,对社会主义等理论问题进行了创新探索。邓小平同志提出,首先要搞清楚什么是社会主义、怎样建设社会主义这一根本问题。他指出:"马克思主义必须是同中国实际相结合的马克思主义,社会主义必须是切合中国实际的有中国特色的社会主义。"[2] 这就厘清了苏联模式、中国特色社会主义与科学社会主义的关系,"社会主义并没有定于一尊、一成不变的套路"[3],中国特色社会主义依然是对科学社会主义的坚持和发展。

二是中国特色社会主义正确地认识了我国国情。社会主义初级阶段是我国的基本国情和最大实际,是中国特色社会主义理论创新发展的总依据。党的十三大报告系统地论述了社会主义初级阶段的基本内涵,即"特指我国在生产力落后、商品经济不发达条件下

---

[1] 中共中央文献研究室编:《毛泽东年谱(一九四九——一九七六)》第二卷,中央文献出版社2013年版,第557页。
[2] 《邓小平文选》第三卷,人民出版社1993年版,第63页。
[3] 《习近平谈治国理政》第三卷,外文出版社2020年版,第76页。

## 第三章　在守正创新中开辟科学社会主义新纪元

建设社会主义必然要经历的特定阶段。我国从五十年代生产资料私有制的社会主义改造基本完成,到社会主义现代化的基本实现,至少需要上百年时间,都属于社会主义初级阶段"[①]。这一论述专门强调了社会主义初级阶段是我国开展中国特色社会主义实践的特殊历史阶段,为坚持和发展中国特色社会主义奠定了理论基础,深刻揭示了科学社会主义理论逻辑扎根中国大地的历史基础。但是,社会主义初级阶段不是一个静态的阶段。踏着历史的步伐,我国迈进了新发展阶段,但新发展阶段仍属于社会主义初级阶段,是社会主义初级阶段发展到一定程度的阶段。在这个阶段,世界大变局加速演进,我国将由中等收入国家迈向高收入国家行列。目前我国正处于转变发展方式、优化经济结构、转换增长动力的攻坚期。当前和今后一个时期,我国发展仍处于重要战略机遇期,但机遇和挑战都有新的发展变化。这是以习近平同志为核心的党中央对社会主义初级阶段的深化认识,为正确认识新发展阶段的历史方位、坚实基础、奋斗目标提供了理论依据,这对续写中国特色社会主义新篇章有着重要的理论意义。

---

[①] 《中国共产党第十三次全国代表大会文件汇编》,人民出版社1987年版,第12页。

三是中国特色社会主义突破了对社会主义的本质的原有认识。通过对"什么是社会主义、怎样建设社会主义"的探索和回答,以邓小平同志为核心的党的第二代中央领导集体开辟了中国特色社会主义发展的新道路,创造性地回答了社会主义的本质以及在中国这个落后的社会主义国家如何建设社会主义等一系列基本问题,最终形成了邓小平理论。邓小平同志立足我国国情,从生产力与生产关系、社会主义建设目标与手段相统一的理论高度创造性地回答了社会主义的本质问题,即"解放生产力,发展生产力,消灭剥削,消除两极分化,最终达到共同富裕"[①]。对社会主义的本质的认识,没有照搬马克思、恩格斯关于社会主义社会的理论设想,也没有简单套用苏联模式,而是强调了解放和发展生产力的重要性。这是以邓小平同志为核心的党的第二代中央领导集体根据中国国情对科学社会主义理论逻辑的深刻把握,为开创、坚持和发展中国特色社会主义奠定了理论基础。

(三)中国特色社会主义的实践发展逻辑

中国特色社会主义的发展过程不仅是理论创新的过程,也是实践创新的过程。纵观中国特色社会主义

---

① 《邓小平文选》第三卷,人民出版社1993年版,第373页。

## 第三章 在守正创新中开辟科学社会主义新纪元

的实践发展过程就能发现，中国共产党在推进革命、建设、改革进程中坚持把科学社会主义同中国实际和时代特征结合起来，准确把握社会主要矛盾的发展逻辑，在实践中开创、坚持和发展了中国特色社会主义。"实践充分证明，中国特色社会主义是当代中国发展进步的根本方向，只有中国特色社会主义才能发展中国。"[1]

在社会主义建设初期，"党的八大根据我国社会主义改造基本完成后的形势，提出国内主要矛盾已经不再是工人阶级和资产阶级的矛盾，而是人民对于经济文化迅速发展的需要同当前经济文化不能满足人民需要的状况之间的矛盾"[2]。自此以后，中国共产党围绕这一社会主要矛盾集中力量发展社会生产力，实现国家工业化，逐步满足人民日益增长的物质和文化需要。但是，党的八大提出的社会主要矛盾的科学判断，在实践中并没有能够一以贯之地坚持下来。直到党的十一届六中全会正式提出我国的主要矛盾，即人民日益增长的物质文化需要同落后的社会生产之间的矛盾。

---

[1] 胡锦涛：《坚定不移沿着中国特色社会主义道路前进 为全面建成小康社会而奋斗——在中国共产党第十八次全国代表大会上的报告》，人民出版社 2012 年版，第 13 页。

[2]《中共中央关于党的百年奋斗重大成就和历史经验的决议》，人民出版社 2021 年版，第 10—11 页。

自此以后，中国共产党牢牢扭住经济建设这个中心，开展解放和发展生产力的伟大实践，国内生产总值从1978年的0.37万亿元到2012年的53.86万亿元，实现了经济的高速增长；全体国民创造出了巨大的社会财富，就业机会不断增多，人民生活不断改善，极大地推动了中国特色社会主义建设。

党的十八大以来，中国特色社会主义进入新时代，以习近平同志为核心的党中央开拓创新、勇于实践，着眼于人民群众对美好生活的向往，坚持从群众的新需求出发，作出我国社会主要矛盾是人民日益增长的美好生活需要和不平衡不充分的发展之间的矛盾的新判断，大刀阔斧地开新局，统筹推进"五位一体"总体布局、协调推进"四个全面"战略布局，在实践中坚持以人民为中心的发展思想，解决好群众最关心、最直接、最现实的利益问题。经过新时代的十年，中国共产党团结带领全国各族人民胜利实现全面建成小康社会目标；中国共产党在革命性锻造中更加坚强有力，党的面貌和气象发生了深刻变化；我国维护国家安全能力显著提高，已经成为全球公认的最安全的国家之一；我国全面推进中国特色大国外交，国际地位显著提升；我国在脱贫攻坚、新冠疫情防控伟大实践中更加彰显制度优势，为实现国家长治久安奠定制度保障。

## 三、坚持道不变、志不改,既不走封闭僵化的老路,也不走改旗易帜的邪路

守正创新是守正与创新的辩证统一。守正与创新是同一过程的两个不同方面,创新必须以守正为基础和前提,创新是对守正的继承和发展,这两者相互贯通、相互依存。离开守正的创新,只会走向改旗易帜的邪路;离开创新的守正,只会走向封闭僵化的老路。中国特色社会主义之所以永葆生机活力,原因就在于遵循了守正创新之道。可以说,中国共产党开创、坚持和发展的中国特色社会主义的本质在于坚持科学社会主义不动摇,坚持在守正创新中走好中国道路,在守正创新中筑牢理想信念,做到道不变、志不改,从而助推中华民族伟大复兴的实现。

(一) 在守正创新中走好中国道路

道路连接出发点和目的地,走对路、走好路至关重要,离不开守正创新。否则,就会偏离方向,甚至会南辕北辙,带来巨大的损失。在推进中华民族伟大复兴的一百多年进程中,有许多条道路摆在历史和人民面前,中国共产党紧紧依靠人民,依据科学社会主

义的基本规定，独立自主地走自己的路，取得了革命、建设和改革的伟大胜利。时至今日，中国已经走过了农村包围城市、武装夺取政权的中国特色革命道路，也走过了和平赎买的中国特色改造道路，现在正在走中国特色社会主义道路。这些不同历史时期的道路连接起来、拓展开来，就是中华民族伟大复兴征程中的光明大道，就是在遵循人类文明发展规律的前提下，创造性地走符合中国独特国情的路。历史和现实已经说明，只有坚持守正创新，中国道路才会越走越宽广。可以说，中国道路是中国共产党团结带领中国人民历经千辛万苦找到的正确道路，是中国共产党守正创新的最大特色。走好中国道路不是完全照搬套用过去的道路，是在锚定正确方向的基础上不断丰富和发展中国道路的时代内涵。

一是坚持社会主义。社会主义是中国道路最鲜亮的底色，这决定了中国道路是社会主义性质的道路。历史上，中国曾在封建主义道路上创造了中华民族的辉煌，也曾因坚持走封建主义道路而逐渐衰落，在近代被迫走上半殖民地半封建社会的道路。1840年以来，地主阶级改良派和洋务派、资产阶级改良派、资产阶级革命派轮番登台表演，可是中华民族复兴依旧任重道远。就在这样的历史关头，中

### 第三章 在守正创新中开辟科学社会主义新纪元

国共产党登上历史舞台，选择了马克思主义，运用科学社会主义基本原则解决中国道路上的矛盾，使在黑暗中摸索了半个多世纪的中国人民看到了民族复兴的曙光。但是，也要明确社会主义不是封闭僵化、一成不变的，而是创新发展着的。坚持社会主义应当坚持发展着的社会主义，要根据时代的变化而变化，而不是坚持故步自封的社会主义；但也要坚决与破坏社会主义的一切行为作斗争，捍卫社会主义的性质。

二是坚持高质量发展。唯物史观认为，生产力和生产关系的矛盾运动是推动社会发展的基础和动力。生产力决定生产关系，同时生产关系又对生产力具有反作用。中国道路坚持以经济建设为中心，以发展为第一要务，提高了国家的生产力水平和人民生活水平。但我国目前仍处于社会主义初级阶段，有着自己的独特国情。因此中国道路以此科学判断为基础，又不断调整具体政策方针或采取创新性做法以推动生产力发展。当代中国正处于"两个一百年"奋斗目标的历史交汇期，"高质量发展是全面建设社会主义现代化国家的首要任务。发展是党执政兴国的第一要务。没有坚实的物质技术基础，就不可能全面建成社会主义现代化强国"①。坚持高质量发展是坚持和发展科学社会主义的重要体现,是中国特色社会主义的内在要求。坚持高质量发展就必须坚持以人民为中心的发展思想,把握新发展阶段、贯彻新发展理念、构建新发展格局,推动经济社会全面、协调、可持续发展。

三是坚持共同富裕。共同富裕是社会主义的本质要求,是中国共产党的奋斗目标,也是中国人民孜孜以求的美好愿景。新中国成立之初,毛泽东同志就在资本主义工商业社会主义改造问题座谈会上强调:"现在我们实行这么一种制度,这么一种计划,是可以一年一年走向更富更强的,一年一年可以看到更富更强些。而这个富,是共同的富,这个强,是共同的强,大家都有份。"② 进入新时代,以习近平同志为核心的党中央把共同富裕放在更加突出的位置,并根据发展阶段的新变化,丰富拓展了共同富裕的内涵。习近平总书记指出:"我们说的共同富裕是全体人民共同富裕,是人民群众物质生活和精神生活都富裕,不是少数人的富裕,也不是整齐划一的平均主义。"③

---

① 习近平:《高举中国特色社会主义伟大旗帜 为全面建设社会主义现代化国家而团结奋斗——在中国共产党第二十次全国代表大会上的报告》,人民出版社2022年版,第28页。
② 《毛泽东文集》第六卷,人民出版社1999年版,第495页。
③ 《习近平谈治国理政》第四卷,外文出版社2022年版,第142页。

为此，既要继续坚持解放和发展生产力，夯实实现共同富裕的物质基础；也要创新体制机制，正确处理效率和公平的关系，构建初次分配、再分配、三次分配协调配套的基础性制度安排，使全体人民共享发展成果。

四是坚持中国特色。中国特色社会主义道路是共性与个性的统一，只注重共性而忽略个性，必将千篇一律，丧失生机活力。科学社会主义只有民族化、本土化，才能焕发勃勃生机。中国道路就是中国共产党在坚持科学社会主义普遍性的前提下探索将科学社会主义基本原则同中国具体实际和中华优秀传统文化相结合而形成的道路。从中国具体实际来看，无论是我们走的革命之路、社会主义改造之路，还是社会主义建设与改革之路，都是对中国具体实际的准确把握。从中华优秀传统文化来看，中华民族有着五千年的悠久历史，孕育了丰富灿烂的中华优秀传统文化，这些文化已经深深熔铸于中华民族的自我认同之中，影响着中华民族的发展方向。任何外来文化必须与中华优秀传统文化相契合，才能真正得到中国人民的认可，进而在中国大地上生根发芽。正如习近平总书记所说："中华民族走着一条不同于其他国家和民族的文明发展道路。我们开辟了中国特色社会主义道路不是偶然的，是我国历史传承和文化传统决定的。"①

(二)在守正创新中筑牢理想信念

理想信念是人们对未来的向往,是对真理的一种追求,是人们的灵魂。坚定的理想信念,是其生存发展的精神动力,是其攻坚克难的制胜法宝。历史与现实充分证明,淡化了理想信念,共产党人就会失去前进的精神动力;动摇了理想信念,共产党人就会偏离前进的方向;背弃了理想信念,共产党人就会丧失政治灵魂。因此,"必须坚持马克思主义,牢固树立共产主义远大理想和中国特色社会主义共同理想"②,做到守共产主义理想之正,创中国特色社会主义共同理想之新,在守正创新中不改其志。

一是坚定共产主义远大理想不动摇。马克思、恩格斯早在《共产党宣言》中就明确指出:"共产党人不是同其他工人政党相对立的特殊政党。他们没有任何同整个无产阶级的利益不同的利益。他们不提出任何特殊的原则,用以塑造无产阶级的运动。"③ 这部闪耀

---

① 中共中央文献研究室编:《习近平关于协调推进"四个全面"战略布局论述摘编》,中央文献出版社2015年版,第84页。
② 习近平:《决胜全面建成小康社会 夺取新时代中国特色社会主义伟大胜利——在中国共产党第十九次全国代表大会上的报告》,人民出版社2017年版,第23页。
③ 《马克思恩格斯选集》第一卷,人民出版社2012年版,第413页。

着真理光芒的马克思主义经典著作，阐明了无产阶级政党的远大理想，指出了共产主义社会的奋斗目标。显然，对于马克思主义产生的时代以及当前的时代来说，社会生产力还远没有达到能够立刻实现共产主义社会的条件，但共产主义理想并不是乌托邦，而是要经过漫长的社会生产力发展最终将会实现的远大理想。一百多年来，中国共产党一直把实现共产主义理想作为党的最高纲领。正是因为有了坚定的共产主义远大理想，中国共产党才成为一个成熟的伟大的无产阶级政党，进而团结带领全国各族人民不断取得一个又一个伟大胜利。中国特色社会主义事业发展的方向是光明的，但前行的路途是曲折的。中国特色社会主义发展境界恰如层峦叠嶂，中国共产党人必须始终坚定共产主义远大理想，坚定"山再高，往上攀，总能登顶；路再长，走下去，定能到达"①的信心。

二是牢固树立中国特色社会主义共同理想。当代中国正经历着空前广泛而深刻的社会变革。在前进道路上，我们面临着前所未有的新情况、新问题、新挑战。经受住这些风险考验，团结带领全国各族人民实现宏伟目标，仍然要靠坚定的信念和共同的理想。中

---

① 习近平：《在第十三届全国人民代表大会第一次会议上的讲话》，人民出版社2018年版，第5页。

国特色社会主义共同理想，就是在中国共产党领导下，走中国特色社会主义道路，实现中华民族的伟大复兴。这个共同理想是共产主义远大理想在当代中国的时代表达，它把党在社会主义初级阶段的目标、国家的发展、民族的振兴与个人的幸福紧密联系在一起，把各个阶层、各个群体的共同愿望有机结合在一起，有着广泛的社会共识。经过改革开放四十多年的发展，社会主义现代化建设取得举世瞩目的伟大成就，尤其是新时代十年的伟大变革充分彰显了社会主义的优越性，全国各族人民正在实现中国特色社会主义共同理想的康庄大道上阔步迈进。因此，只有用中国特色社会主义共同理想凝聚人心、感召人民，才能形成全民族奋发向上的精神力量和团结和睦的精神纽带，巩固全国各族人民团结奋斗的共同思想基础，战胜前进道路上的一切困难，实现中华民族的伟大复兴。

三是正确看待共产主义远大理想与中国特色社会主义共同理想的辩证关系。共产主义远大理想和中国特色社会主义共同理想是守正与创新的关系。一方面，没有守共产主义理想之正，就无法创中国特色社会主义共同理想之新。只有在共产主义远大理想的指引下，中国特色社会主义共同理想才能熠熠生辉。另一方面，中国特色社会主义共同理想是共产主义远大理想的创新体现,是目前党和国家的奋斗目标。中国特色社会主义共同理想的成功实践,也必将为实现共产主义远大理想奠定坚实的现实基础。正如习近平总书记所说:"中国特色社会主义是党的最高纲领和基本纲领的统一。中国特色社会主义的基本纲领,概言之,就是建立富强民主文明和谐的社会主义现代化国家。这既是从我国正处于并将长期处于社会主义初级阶段的基本国情出发的,也没有脱离党的最高理想。"① 因此,要把践行坚定共产主义远大理想和中国特色社会主义共同理想统一起来、同党带领人民正在做的事情统一起来,自觉成为共产主义远大理想和中国特色社会主义共同理想的坚定信仰者、忠实实践者,使理想之光不灭、信仰之力不朽。

(三)在守正创新中把握全面深化改革的正确方向

社会主义只能在改革中不断前进,不坚持改革的社会主义必然走向僵化、停滞乃至倒退。"改革开放只有进行时,没有完成时。"② 党的十一届三中全会以来,中国共产党带领全国各族人民进行了持续而深刻的改革,改革给国家经济、政治、文化、社会与生态文明

---

① 中共中央文献研究室编:《十八大以来重要文献选编》(上),中央文献出版社2014年版,第116页。
② 习近平:《论坚持全面深化改革》,中央文献出版社2018年版,第391页。

建设等各方面所带来的发展与变化不亚于一场革命。进入新时代，推进全面深化改革依然是中国共产党的重要使命，它将继续为全国各族人民在新的历史方位、新的主要矛盾与新的奋斗目标下进行中国特色社会主义伟大建设提供重要指导与不竭动力。这就要求我们，要在守正创新中把握全面深化改革的正确方向。

一是不走封闭僵化的老路和改旗易帜的邪路。封闭僵化的老路就是关起门来搞建设，高度集中计划地搞建设，排斥市场经济。苏联和东欧国家走过这条路，最终走不下去了。改旗易帜的邪路，就是放弃社会主义道路，改走资本主义道路，苏联和东欧国家也走过这条路，结果走到沟里去了，发生了颠覆性错误，苏联一个国家分裂成为十五个。在改革开放四十多年一以贯之的接力探索中，中国共产党坚定不移高举中国特色社会主义伟大旗帜，既不走封闭僵化的老路，也不走改旗易帜的邪路。"中国特色社会主义是党和人民历经千辛万苦、付出巨大代价取得的根本成就，是实现中华民族伟大复兴的正确道路"[1]，必须保证全面深化改革沿着中国特色社会主义方向前进，始终要坚持中国特色社会主义道路、中国特色社会主义理论体系、

---

[1] 习近平：《在庆祝中国共产党成立100周年大会上的讲话》，人民出版社2021年版，第13页。

中国特色社会主义制度、中国特色社会主义文化。

二是保持清醒头脑。坚持什么样的改革方向，决定着改革的性质和最终成败。"我们的头脑要特别清醒、立场要特别坚定，牢牢把握正确斗争方向，做到在各种重大斗争考验面前'不畏浮云遮望眼'，'乱云飞渡仍从容'"①，确立战略思维、历史思维、辩证思维、系统思维、创新思维、法治思维、底线思维，不为各种错误观点所左右，不为各种纷争干扰所惑，该改的坚决改，不能改的坚决守住。"中国是一个大国，决不能在根本性问题上出现颠覆性错误，一旦出现就无法挽回、无法弥补。"② 中国不实行改革开放是死路一条，搞否定社会主义的"改革开放"也是死路一条。在这个根本问题上，必须坚持守正创新，既要大胆探索、勇于创新，以革新的勇气和胸怀突破思想观念的障碍、利益固化的藩篱，也要理直气壮、谨慎稳妥，不对社会主义制度改弦更张。

三是坚持渐进式改革。改革是中国特色社会主义自我完善和自我发展的根本途径，在改革的具体方式上，中国走了一条由点到面、由农村到城市、由经济

---

① 中共中央党史和文献研究院编：《习近平关于防范风险挑战、应对突发事件论述摘编》，中央文献出版社2020年版，第220页。

② 习近平：《论坚持全面深化改革》，中央文献出版社2018年版，第22页。

改革带动各领域的全面改革，改革、发展、稳定相结合的渐进式道路。中国渐进式改革的特点是允许试错并随时修正改革方案，没有抱残守缺，避免了改革风险和不确定性带来不可逆的负面影响；做到先立后破，避免了激进改革下新旧体制转换过程中的制度真空并可能由此导致的"混乱的效率损失"，一切"都是为了解决中国的现实问题"[①]；做到破立并举，引导广大人民群众保持改革理性，降低了改革的社会成本，使中国这个体量庞大的国家始终保持政治和社会稳定。

---

① 习近平：《论坚持全面深化改革》，中央文献出版社2018年版，第27页。

# 第四章　在守正创新中开辟百年大党自我革命新境界

习近平总书记指出:"要坚持守正和创新相统一,坚守党的性质宗旨、理想信念、初心使命不动摇,同时要以新的理念、思路、办法、手段解决好党内存在的各种矛盾和问题,不断提高自我革命实效。"[1] 党的二十大报告在论述守正创新时,进一步强调必须"坚持党的全面领导不动摇"[2]。一方面,守正是自我革命的根基,自我革命不是党的性质的改变,而是党的性质的淬炼,这一淬炼集中体现为新时代坚持和加强党的全面领导;另一方面,创新是自我革命的源泉,自我革命不是空喊口号、流于形式,而是刀刃向内、直面问题,这集中体现为党深入推进新时代党的建设新的伟大工程,以党的自我革命引领社会革命。

---

[1] 《习近平谈治国理政》第三卷,外文出版社2020年版,第535页。
[2] 习近平:《高举中国特色社会主义伟大旗帜　为全面建设社会主义现代化国家而团结奋斗——在中国共产党第二十次全国代表大会上的报告》,人民出版社2022年版,第20页。

守正不渝，创新不止。在新时代新征程上，我们要坚持守正和创新的辩证统一，开辟百年大党自我革命新境界。

## 一、坚持党的全面领导是国家和民族兴旺发达的根本所在

守正才能不迷失方向，不犯颠覆性错误。守正是自我革命的根基，自我革命不是党的性质的改变，而是党的性质的淬炼，这一淬炼集中体现为新时代坚持和加强党的全面领导。坚守党的性质宗旨、理想信念、初心使命不动摇，归根结底是坚持党的全面领导不动摇。只有坚持和加强党的全面领导，才能确保我国社会主义现代化建设正确方向，确保拥有团结奋斗的强大政治凝聚力、发展自信心，集聚起万众一心、共克时艰的磅礴力量。

### （一）坚持党的全面领导是历史和人民的必然选择

马克思主义认为，历史规律不以个人意志为转移，人民群众以共同意志和实践活动创造历史，任何人想阻止历史前进的步伐，都将以失败告终。近代中国的屈辱现实，给广大中国人民提出了中国向何处去的历

## 第四章 在守正创新中开辟百年大党自我革命新境界

史考问。对于饱受帝国主义、封建主义、官僚资本主义压迫的旧中国来说,道路选择问题决定了中国的前途命运。因此,近代以来的中国历史,实际上是对主义、道路和领导力量进行选择的历史。

1921年7月,中国共产党的诞生是开天辟地的大事。在民国初三百余个大大小小的政治团体和政党纷争不已的历史背景下,中国共产党以马克思主义武装思想,代表中国最广大人民群众的利益,抱着为中国人民谋幸福的初心,肩负为中华民族谋复兴的使命,给在救亡图存道路探索中陷入徘徊和迷茫的中国人民提供了一个新的选项。"100年来,中国共产党用理念主张更用实际行动,赢得了人民的衷心拥护。中国人民对党的拥护,是经过反复比较,经过无数事实和考验形成的。中国人民一旦认定了中国共产党的领导,就不曾改变过。"① 中国共产党在领导中国人民进行革命、建设、改革中不断确立自身的领导地位,这是历史和人民作出的正确选择。

新时代以来,党的全面领导实现了理论上的正本清源、制度上的立柱架梁和实践上的扎实推进。党中央明确提出,党的领导是全面的、系统的、整体的,

---

① 中共中央宣传部编:《中国共产党的历史使命和行动价值》,人民出版社2021年版,第22页。

保证党的团结统一是党的生命；党中央集中统一领导是党的领导的最高原则，加强和维护党中央集中统一领导是全党共同的责任，坚持党的领导首先要旗帜鲜明讲政治，保证全党服从中央。《中共中央关于党的百年奋斗重大成就和历史经验的决议》指出："只要我们坚持党的全面领导不动摇，坚决维护党的核心和党中央权威，充分发挥党的领导政治优势，把党的领导落实到党和国家事业各领域各方面各环节，就一定能够确保全党全军全国各族人民团结一致向前进。"① 在党的全面领导下，党中央权威和集中统一领导得到有力保证，党的领导制度体系不断完善，党的领导方式更加科学，全党思想上更加统一、政治上更加团结、行动上更加一致，党的政治领导力、思想引领力、群众组织力、社会号召力显著增强。

历史和现实告诉我们："没有中国共产党，就没有新中国，就没有中华民族伟大复兴。"② 纵观世界社会主义国家百年风雨历程，东欧社会主义国家在短时间内丧失政权，尤其是人类历史上第一个社会主义国家苏联解体的惨痛教训，为我们党坚持和加强党的全面

---

① 《中共中央关于党的百年奋斗重大成就和历史经验的决议》，《人民日报》2021年11月17日。

② 习近平：《毫不动摇坚持和加强党的全面领导》，《求是》2021年第18期。

第四章　在守正创新中开辟百年大党自我革命新境界

领导提供了历史镜鉴。20世纪80年代末，东欧一些社会主义国家的共产党和工人党在短时间内纷纷丧失政权，国家社会性质随之发生变化，给国际社会主义事业的发展带来了前所未有的挑战。在苏联内部国民经济长期停滞不前与西方外部势力和平演变的双重压力下，苏联错误地选择了一条所谓民主化改革道路，取消了马克思主义的指导思想地位，同时也放弃了苏联共产党的合法领导地位，打破了苏联一直以来共产党一元领导的政治制度，造成多党制的混乱局面，最终导致苏联解体。由此，人类历史上的第一个社会主义国家、世界上最大的社会主义国家土崩瓦解，世界社会主义事业遭受到前所未有的重创。可见，社会主义之所以能够逐渐成长为与资本主义势力相抗衡的力量，其中一条重要经验就是依靠各国共产党的坚强领导，任何时候弱化、虚化、淡化党的全面领导，都会给党和国家带来深重灾难。

（二）坚持党的全面领导是马克思主义政党理论的内在要求

无产阶级政党自登上历史舞台之日起，就在无产阶级革命中发挥领导作用，在执政后全面履行领导职责。马克思主义经典作家奠定了党的全面领导的理论基础。马克思、恩格斯提出要把"领导权握在自己手中"。在马克思、恩格斯看来,无产阶级要通过自己的政党来实现对革命运动的领导,因为无产阶级政党"没有任何同整个无产阶级的利益不同的利益","始终代表整个运动的利益"。① 1871 年,巴黎公社实施了各种带有社会主义性质的举措。对于这些措施,马克思表示热烈欢迎和充分肯定,并指出:"这次革命的新的特点还在于人民组成了公社,从而把他们这次革命的真正领导权握在自己手中。"② 列宁提出党进行"总的领导"的思想。遵循马克思主义基本原理,结合俄国革命实际,列宁领导建立起布尔什维克党,并在布尔什维克党的领导下,建立起第一个无产阶级政权,开始了执政条件下党的领导的新阶段。列宁强调:"必须十分明确地划分党(及其中央)和苏维埃政权的职责;提高苏维埃工作人员和苏维埃机关的责任心和独立负责精神,党的任务则是对所有国家机关的工作进行总的领导,不是象目前那样进行过分频繁的、不正常的、往往是琐碎的干预。"③ 列宁在领导建立和建设第一个社会主义国家的过程中,不仅确立了党的领导

---

① 《马克思恩格斯选集》第一卷,人民出版社 2012 年版,第 413 页。
② 《马克思恩格斯选集》第三卷,人民出版社 2012 年版,第 152 页。
③ 《列宁全集》第四十三卷,人民出版社 1987 年版,第 64 页。

## 第四章　在守正创新中开辟百年大党自我革命新境界

是"总的领导"原则,而且确立了党内根本制度是民主集中制,民主集中制由此成为保障党的领导的重要制度安排。在列宁看来,"真正民主意义上的集中制的前提是历史上第一次造成的这样一种可能性,就是不仅使地方的特点,而且使地方的首创性、主动精神和达到总目标的各种不同的途径、方式和方法,都能充分地顺利地发展"①。

中国共产党人在继承马克思主义关于党的领导的理论基础上,对党的领导问题进行了积极的探索。毛泽东同志提出"党是领导一切的"观点。1962年,毛泽东同志在扩大的中央工作会议(史称"七千人大会")上指出:"工、农、商、学、兵、政、党这七个方面,党是领导一切的。党要领导工业、农业、商业、文化教育、军队和政府。"② 1973年,毛泽东同志在同中央领导同志谈话时再次强调党对一切工作的领导:"政治局是管全部的。党政军民学、东西南北中,党是领导一切的。"③ 改革开放后,邓小平同志深刻总结了新中国成立以来党的建设中正反两方面的经验,明确指出"坚持四项基本原则的核心,是坚持党的领

---

① 《列宁全集》第三十四卷,人民出版社1985年版,第140页。
② 《毛泽东文集》第八卷,人民出版社1999年版,第305页。
③ 中共中央文献研究室编:《毛泽东年谱(一九四九——一九七六)》第六卷,中央文献出版社2013年版,第511页。

导"①，强调"党领导一切，是一切问题根本的根本"②，提出了改革党和国家领导制度的科学设想。世纪之交，江泽民同志再次强调把中国的事情办好，关键在党，明确指出："中国共产党是领导建设有中国特色社会主义伟大事业的核心力量。工农兵学商，党是领导一切的。"③胡锦涛同志要求全党必须清醒地认知世情、国情和党情发生的深刻变化，不断提高党的领导和执政水平，使党始终成为中国特色社会主义伟大事业的坚强领导核心。

新时代以来，以习近平同志为核心的党中央，站在新时代坚持和发展中国特色社会主义的战略高度，采取一系列重大举措加强和改善党的领导，将党的领导提升到党的全面领导的新高度。习近平总书记在庆祝中国共产党成立100周年大会上指出："历史和人民选择了中国共产党。中国共产党领导是中国特色社会主义最本质的特征，是中国特色社会主义制度的最大优势，是党和国家的根本所在、命脉所在，是全国各族人民的利益所系、命运所系。"④《中共中央关于党

---

① 《邓小平文选》第二卷，人民出版社1994年版，第358页。
② 中共中央文献研究室编：《邓小平文集（一九四九——一九七四）》中卷，人民出版社2014年版，第387页。
③ 《江泽民文选》第二卷，人民出版社2006年版，第496页。
④ 《习近平谈治国理政》第四卷，外文出版社2022年版，第8页。

的百年奋斗重大成就和历史经验的决议》指出："治理好我们这个世界上最大的政党和人口最多的国家，必须坚持党的全面领导特别是党中央集中统一领导，坚持民主集中制，确保党始终总揽全局、协调各方。只要我们坚持党的全面领导不动摇，坚决维护党的核心和党中央权威，充分发挥党的领导政治优势，把党的领导落实到党和国家事业各领域各方面各环节，就一定能够确保全党全军全国各族人民团结一致向前进。"[1]总之，坚持和加强党的全面领导，是马克思主义政党与生俱来的政治品质和矢志不渝的政治坚守，为马克思主义政党完成政治任务与实现政治目标提供了根本保证，为我们党在新时代毫不动摇坚持和加强党的全面领导提供了充分的理论依据。

（三）坚持党的全面领导是实现新时代使命任务的根本保证

习近平总书记在党的二十大报告中阐明了新时代新征程中国共产党的使命任务："从现在起，中国共产党的中心任务就是团结带领全国各族人民全面建成社会主义现代化强国、实现第二个百年奋斗目标，以中

---

[1] 《中共中央关于党的百年奋斗重大成就和历史经验的决议》，《人民日报》2021年11月17日。

国式现代化全面推进中华民族伟大复兴。"① 当今世界正处于百年未有之大变局，我国正处于实现中华民族伟大复兴的关键时期，改革发展稳定任务沉重、矛盾风险挑战繁多，治国理政考验之大前所未有。使命任务越是艰巨、风险挑战越是繁多，就越是需要坚持党的全面领导。

坚持党的全面领导是破解中国发展难题的战略选择。新时代十年，我们党团结带领广大人民采取一系列战略性举措，推进一系列变革性实践，实现一系列突破性进展，取得一系列标志性成果，经受住了来自政治、经济、意识形态、自然界等方面的风险挑战考验，党和国家事业取得历史性成就、发生历史性变革，推动我国迈上全面建设社会主义现代化国家新征程。与此同时，我们党也面临着许多新问题、新挑战。比如，"发展不平衡不充分问题仍然突出，推进高质量发展还有许多卡点瓶颈，科技创新能力还不强；确保粮食、能源、产业链供应链可靠安全和防范金融风险还须解决许多重大问题；重点领域改革还有不少硬骨头要啃；意识形态领域存在不少挑战；城乡区域发展和

---

① 习近平：《高举中国特色社会主义伟大旗帜  为全面建设社会主义现代化国家而团结奋斗——在中国共产党第二十次全国代表大会上的报告》，人民出版社2022年版，第21页。

## 第四章　在守正创新中开辟百年大党自我革命新境界

收入分配差距仍然较大；群众在就业、教育、医疗、托育、养老、住房等方面面临不少难题；生态环境保护任务依然艰巨；一些党员、干部缺乏担当精神，斗争本领不强，实干精神不足，形式主义、官僚主义现象仍较突出；铲除腐败滋生土壤任务依然艰巨，等等"[1]。只有坚持和加强党的全面领导，使党始终成为风雨来袭时全体人民最可靠的主心骨，才能使我们在新时代始终保持正确发展方向，确保顺利完成新时代的使命任务。

坚持党的全面领导是应对国际风险挑战的客观要求。从世界社会主义大视野来看，当今世界仍处于资本主义向共产主义过渡的时代；社会主义是共产主义的初级阶段，当今中国特色社会主义处于并将长期处于社会主义初级阶段。进一步而言，当今世界正处于百年未有之大变局，中国通过经济持续发展和综合国力不断提升，突破了以美国为首的一些西方国家所秉持的西方模式"优越论"，形成了创先发展和成功转型的独特中国模式，向世界贡献了现代化发展和转型的中国智慧和中国方案。然而，以美国为首的一些西方

---

[1] 习近平：《高举中国特色社会主义伟大旗帜　为全面建设社会主义现代化国家而团结奋斗——在中国共产党第二十次全国代表大会上的报告》，人民出版社2022年版，第14页。

国家仍然活在"西方中心论"的话语体系中，无所不用其极地渲染和散播"中国威胁论"，在经济、政治、文化、军事多方面打压中国、围堵中国。比如，2018年美国发动针对中国的贸易战，美国政府的一系列动作直接剑指中国高科技企业，中国在"中国制造2025"规划中明确要优先发展的高科技产业更是成为美国重点遏制的目标。可见，只有坚持和加强党的全面领导，使党对一切工作进行领导，才能确保我们党始终引领世界潮流，推动世界和平发展、共同进步，为解决全球难题不断贡献中国智慧、中国力量和中国方案。

坚持党的全面领导是加强党的自身建设的迫切需要。不少党员干部对党的全面领导认知不够清晰、态度不够坚定、行动不够坚决。"党内也存在不少对坚持党的领导认识模糊、行动乏力问题，存在不少落实党的领导弱化、虚化、淡化、边缘化问题，特别是对党中央重大决策部署执行不力，有的搞上有政策、下有对策，甚至口是心非、擅自行事。"① "要防止和克服地方和部门保护主义、本位主义，决不允许'上有政策、下有对策'，决不允许有令不行、有禁不止，决不

---

① 《中共中央关于党的百年奋斗重大成就和历史经验的决议》，《人民日报》2021年11月17日。

## 第四章 在守正创新中开辟百年大党自我革命新境界

允许在贯彻执行中央决策部署上打折扣、做选择、搞变通。"[1] 党的十八大以来,以习近平同志为核心的党中央针对党内政治生活中存在的突出问题,旗帜鲜明地坚持和加强党的全面领导,严肃和规范党内政治生活,取得了一系列重大成效,为党的长期执政、国家的长治久安提供了根本政治保证。正是因为党始终坚持和加强党的全面领导,我们才能在新时代进行伟大斗争,建设伟大工程,推进伟大事业,实现伟大梦想。因此,只有坚持和加强党的全面领导,才能不断夯实我们党执政的政治基础,团结带领全国各族人民完成建设社会主义现代化强国,实现中华民族伟大复兴的使命任务。

## 二、自我革命是我们党跳出历史周期率的"第二个答案"

当今世界处于百年未有之大变局,正经历新一轮大发展、大变革、大调整,人类文明发展面临的新机遇、新挑战层出不穷,不确定、不稳定因素明显增多。同时,国内全面深化改革还面临很多深层次的矛盾,

---

[1] 习近平:《论坚持党对一切工作的领导》,中央文献出版社2019年版,第17页。

"四大考验""四种危险"具有长期性、复杂性、严峻性。面对大党独有难题,习近平总书记在党的二十大上庄严宣告:"经过不懈努力,党找到了自我革命这一跳出治乱兴衰历史周期率的第二个答案。"① 新时代推进党的自我革命,正是守正创新的重要体现。

### (一)勇于自我革命的重大意义

先进性和纯洁性是马克思主义政党的本质属性,也是中国共产党践行初心使命的必然要求,保持党的先进性和纯洁性是中国共产党接续发展的动力源泉。在百年奋斗历程中,党之所以能领导人民解决了一个又一个历史之问、人民之问、实践之问、时代之问,历经千锤百炼仍朝气蓬勃,得到人民群众的支持和拥护,"原因就在于党敢于直面自身存在的问题,勇于自我革命,始终保持先进性和纯洁性,不断增强创造力、凝聚力、战斗力,永葆马克思主义政党本色"②。

党以自我革命回答了破除历史周期率的历史之问。在延安时期,毛泽东同志与黄炎培的"窑洞对"的核心命题是中国共产党如何跳出历史周期率,如何解决

---

① 习近平:《高举中国特色社会主义伟大旗帜 为全面建设社会主义现代化国家而团结奋斗——在中国共产党第二十次全国代表大会上的报告》,人民出版社2022年版,第14页。

② 《习近平谈治国理政》第四卷,外文出版社2022年版,第32页。

## 第四章 在守正创新中开辟百年大党自我革命新境界

好"政怠宦成""人亡政息""求荣取辱"等突出问题。毛泽东同志说,中国共产党找到了跳出历史周期率的新路,"这条新路,就是民主。只有让人民监督政府,政府才不敢松懈。只有人人起来负责,才不会人亡政息"①。自我革命是中国共产党经历了七十多年执政后找到的新答案,为新时代解决好历史周期率问题指明了方向。在党的十九届中央纪委六次全会上,习近平总书记的话语充满自信:"一百年来,党外靠发展人民民主、接受人民监督,内靠全面从严治党、推进自我革命,勇于坚持真理、修正错误,勇于刀刃向内、刮骨疗毒,保证了党长盛不衰、不断发展壮大。"② 党的十八大以来,党坚持以坚持真理、修正错误、刀刃向内、刮骨疗毒的自我革命精神保持马克思主义政党的先进本质,在践行初心使命中团结带领人民推进伟大社会革命,回答了党以自我革命破除历史周期率的历史之问。

党以自我革命回答了推进反腐败斗争的人民之问。党的十八大以来,以习近平同志为核心的党中央以刀刃向内、刮骨疗毒的自我革命精神全面从严治党,勇于革除党内顽瘴痼疾,深入推进党内反腐败斗争向纵

---

① 黄炎培:《延安归来》,国家行政管理出版社 2021 年版,第 61 页。
② 《习近平谈治国理政》第四卷,外文出版社 2022 年版,第 549—550 页。

深发展，取得了反腐败斗争的卓越成效，以践行初心使命造就了党内清清朗朗的政治生态环境。党的自我革命命题的提出，有其历史的必然性和现实的必要性。具体来说，党的自我革命是从全面深化改革到全面从严治党再到领导社会革命的现实要求；是中国共产党最鲜明品格的重要体现；是作为执政党、革命党身份领导新时代社会革命、开展伟大斗争的必然要求。党的自我革命根植于马克思主义所蕴含的革命性和批判性，生成于中国革命、建设和改革进程的艰苦探索，在新时代助力于全面从严治党的重大战略部署。习近平总书记在推进全面从严治党的进程中，提出了自我革命的战略思想，回答了党以自我革命推进反腐败斗争的人民之问。

党以自我革命回答了锻造坚强有力的马克思主义政党的实践之问。无产阶级政党的本质要求及其所面临的现实选择是中国共产党勇于自我革命发生的逻辑起点，在实践中不断继承和发展自我革命精神是中国共产党勇于自我革命的必然趋向。因此，中国共产党的自我革命精神并不是党的十八大之后才形成的，也不是一蹴而就的，而是伴随着党的自我革命百年实践由一个个相关精神品质逐步积累升华而成的。习近平总书记在党史学习教育动员大会上指出："勇于自我革

## 第四章　在守正创新中开辟百年大党自我革命新境界

命,是我们党最鲜明的品格,也是我们党最大的优势。"① 百年来党正是因为勇于自我革命,在革命性锻造中消除影响党先进本质的因素,才能团结带领人民在栉风沐雨中披荆斩棘,战胜一切难以战胜的困难,创造灿烂辉煌的伟业。在百年历程中党不断赋予自我革命时代意涵,中国共产党勇于并善于进行自我革命是实现国家富强、民族复兴、人民幸福的历史使命使然,是永葆自身纯洁性、凝聚力、战斗力的革命本色使然。在新时代,要应对党内外的一切风险与挑战,就要求党必须始终以刀刃向内的自我革命精神祛邪扶正、除腐生肌,只有这样才能始终保持党的生命力和引领力。习近平总书记基于对共产党执政规律、根本性质以及当前党建问题的深刻认识,系统建构自我革命战略思想,回答了党以自我革命锻造坚强有力的马克思主义政党的实践之问。

党以自我革命回答了新时代实现长期执政的时代之问。在长期执政条件下,各种弱化党的先进性、损害党的纯洁性的因素无时不有,各种违背初心和使命、动摇党的根基的危险无处不在,如果不严加防范、及时整治,久而久之,必将积重难返,小问题会变成大

---

① 习近平:《在党史学习教育动员大会上的讲话》,人民出版社 2021 年版,第 9 页。

问题，小管涌就会沦为大塌方，甚至可能酿成全局性、颠覆性的灾难。在党的十九届六中全会第二次全体会议上，习近平总书记深刻指出："勇于自我革命是我们党区别于其他政党的显著标志。"① 中国共产党是使命型的长期执政的马克思主义政党，践行好党的初心使命要求党始终保持其先进本质。习近平总书记在主持中央政治局以"牢记初心使命，推进自我革命"为主题的集体学习时指出："越是长期执政，越不能丢掉马克思主义政党的本色，越不能忘记党的初心使命，越不能丧失自我革命精神。"② 可以说，勇于自我革命是马克思主义政党的本质属性和内在要求；勇于自我革命是我们党基于自身历史发展得出的宝贵经验；勇于自我革命是我们党切实加强和规范党内政治生活的关键所在。党的十八大以来，习近平总书记创造性地提出自我革命战略思想，回答了新时代党以自我革命实现长期执政的时代之问。

（二）勇于自我革命的科学内涵

新时代以来，基于对马克思主义经典作家关于革命论述的辩证把握，基于对党史发展进程中关于自我

---

① 《习近平谈治国理政》第四卷，外文出版社2022年版，第541页。
② 中共中央党史和文献研究院编：《十九大以来重要文献选编》（中），中央文献出版社2021年版，第118页。

## 第四章 在守正创新中开辟百年大党自我革命新境界

革命基本经验的科学总结,基于对中国共产党执政规律的深刻认识,基于对党、国家、人民前途命运的深入考量,习近平总书记创造性地提出自我革命这一科学命题,并对其内涵作了全面的、系统的、科学的阐释。新时代新征程中推进党的自我革命历久弥新,在引领伟大社会革命中保持青春活力,需要深入理解党勇于自我革命的科学内涵。

从精神维度来看,自我革命意指主动彻底改变自身的精神状态。一般而言,自我革命是指主体对自身进行某种主动的、积极的改变,从而焕发新的生机活力,在这个意义上,自我革命的内涵就是主动彻底改变自身。习近平总书记最早在全面深化改革领域使用自我革命一词,这时自我革命仅仅是指主动彻底改变自身的精神气质和心理状态,尚未获取特殊的含义指向。在2015年中央全面深化改革领导小组第十二次会议重要讲话中,习近平总书记强调:"只要对全局改革有利、对党和国家事业发展有利、对本系统本领域形成完善的体制有利,都要自觉服从改革大局、服务改革大局,勇于自我革命,敢于直面问题,共同把全面深化改革这篇大文章做好。"[①] 不久之后,自我革命被

---

① 《习近平谈治国理政》第二卷,外文出版社2017年版,第104页。

引入党的建设领域。2016年,习近平总书记在庆祝中国共产党成立95周年大会上指出:"全党要以自我革命的政治勇气,着力解决党自身存在的突出问题。"① 党的十九大报告指出:"把党建设成为始终走在时代前列、人民衷心拥护、勇于自我革命、经得起各种风浪考验、朝气蓬勃的马克思主义执政党。"② 可以看出,习近平总书记所要传达的是党在解决自身问题、建设强大政党方面要有实现主动彻底改变自身的精神状态。换言之,我们党历史这么长、规模这么大、执政这么久,之所以历经磨难而长盛不衰、风华正茂,其奥秘就在于党始终不渝地发扬彻底的自我革命精神。

从实践维度来看,自我革命意指自我净化、自我完善、自我革新、自我提高。"四自"最早使用于廉洁政治领域,党的十七届七中全会提出,全党要"不断增强自我净化、自我完善、自我革新、自我提高能力",党的十八大报告对此沿用。后来,"四自"被扩展至党的建设领域。党的十九大报告指出:"不断增强党自我净化、自我完善、自我革新、自我提高的能力,始终保持党同人民群众的血肉联系。"③ 由于"四自"

---

① 《习近平谈治国理政》第二卷,外文出版社2017年版,第43页。
② 《习近平谈治国理政》第三卷,外文出版社2020年版,第48页。
③ 《习近平谈治国理政》第三卷,外文出版社2020年版,第21页。

## 第四章　在守正创新中开辟百年大党自我革命新境界

同"自我革命"在使用内涵上具有共通性和契合性，两者最终在党的权威政治文本中发生了语义连带关系。2018年，习近平总书记在庆祝改革开放四十周年大会上的讲话中指出："坚定不移推进党的伟大自我革命，敢于清除一切侵蚀党的健康肌体的病毒，使党不断自我净化、自我完善、自我革新、自我提高。"[1] 由此，"四自"成为党的建设领域的一种独立用语，与自我革命在语义内涵上高度耦合。2019年，习近平总书记在十九届中央政治局第十五次集体学习的讲话中，明确阐释了"四自"的内涵：一是"要在自我净化上下功夫，通过过滤杂质、清除毒素、割除毒瘤，不断纯洁党的队伍"；二是"要在自我完善上下功夫，坚持补短板、强弱项、固根本，防源头、治苗头、打露头，堵塞制度漏洞，健全监督机制"；三是"要在自我革新上求突破，深刻把握时代发展大势，坚决破除一切不合时宜的思想观念和体制机制弊端"，"通过革故鼎新不断开辟未来"；四是"要在自我提高上下功夫，自觉向书本学习、向实践学习、向人民群众学习，加强党性锻炼和政治历练"。[2]

---

[1] 中共中央党史和文献研究院编：《十九大以来重要文献选编》（上），中央文献出版社2019年版，第735页。
[2] 《习近平谈治国理政》第三卷，外文出版社2020年版，第534页。

从理论维度来看，自我革命意指以伟大自我革命引领伟大社会革命。"社会革命"是马克思、恩格斯着重阐释的理论概念，它以生产力和生产关系的矛盾运动为基础，不仅仅是一种破除旧的经济基础和上层建筑的社会运动，更是一种新的社会建设运动。2018年，在新进中央委员会的委员、候补委员和省部级主要领导干部学习贯彻习近平新时代中国特色社会主义思想和党的十九大精神研讨班开班式上，习近平总书记首次同提"社会革命"和"自我革命"并予以阐发："要把新时代坚持和发展中国特色社会主义这场伟大社会革命进行好，我们党必须勇于进行自我革命，把党建设得更加坚强有力……我们党必须以党的自我革命来推动党领导人民进行的伟大社会革命……这既是我们党领导人民进行伟大社会革命的客观要求，也是我们党作为马克思主义政党建设和发展的内在需要。"[①] 从话语层面来分析，"社会革命"必然要求"自我革命"，"自我革命"有效引领"社会革命"，以伟大自我革命引领伟大社会革命的重心在于阐释"自我革命"。习近平总书记创造性地将"自我革命"联结于"社会革命"并进行理论化，由此，"自我革命"延展至马克思主义基

---

[①] 《习近平谈治国理政》第三卷，外文出版社2020年版，第71页。

础理论空间,弥合了以往革命、建设、改革话语之间的鸿沟,激活了革命精神元素与革命话语资源,便利了革命话语体系向中国特色社会主义新时代的导入。

从政治维度来看,自我革命意指长期执政条件下的精神指引。百年大党,如何永葆先进性和纯洁性、永葆青春活力,如何永远得到人民拥护和支持,如何实现长期执政,是我们必须回答好、解决好的根本性问题。我们党在新时代找到了解决这一根本性问题的新答案——"自我革命"。习近平总书记强调:"江山就是人民,人民就是江山,打江山、守江山,守的是人民的心,对我们这样一个长期执政的党而言,没有比忘记初心使命、脱离群众更大的危险。"① 党的自我革命以人民至上为根本立场,致力于实现国家的长治久安、党的长期执政。应当说,党没有任何自己特殊的利益,这是我们党敢于自我革命的勇气之源、底气所在。习近平总书记指出:"以史为鉴可以知兴替。功成名就时做到居安思危、保持创业初期那种励精图治的精神状态不容易,执掌政权后做到节俭内敛、敬终如始不容易,承平时期严以治吏、防腐戒奢不容易,重大变革关头顺乎潮流、顺应民心不容易。"② 我们党

---

① 《习近平谈治国理政》第四卷,外文出版社2022年版,第63页。
② 《习近平谈治国理政》第三卷,外文出版社2020年版,第71页。

深知，只要执政党不出大问题，社会主义国家就不会发生颠覆性问题，我们也就能跳出"其兴也勃焉，其亡也忽焉"的历史周期率。强调自我革命，意在以高度的历史担当和使命责任自觉适应长期执政条件下执政党自身建设的更高要求，打破历史宿命论。

（三）勇于自我革命的宝贵经验

《中共中央关于党的百年奋斗重大成就和历史经验的决议》指出："先进的马克思主义政党不是天生的，而是在不断自我革命中淬炼而成的。"[①] 中国共产党之所以能够一直保持党的先进性和纯洁性，成为中国革命、建设和改革事业的领导核心，关键就在于我们党具有强烈的自我革命精神，在为中国人民谋幸福、为中华民族谋复兴的伟大斗争中形成了勇于自我革命的优良传统，积累了丰富的自我革命经验。

坚持真理，修正错误。坚持真理就是坚持马克思主义的指导思想，就是坚持马克思主义同中国具体实际相结合、同中华优秀传统文化相结合的实践过程；修正错误就是应用科学理论不断解决党自身存在的问题，推进党的建设的实践过程。新民主主义革命时期，

---

[①] 《中共中央关于党的百年奋斗重大成就和历史经验的决议》，《人民日报》2021年11月17日。

## 第四章 在守正创新中开辟百年大党自我革命新境界

我们党坚决反对和纠正"左"倾、右倾错误，尤其是通过延安整风运动，全党坚持真理、修正错误，紧密地团结在毛泽东思想的旗帜下，最终建立了新中国；社会主义革命和建设时期，党中央积极开展整党运动和"反贪污、反浪费、反官僚主义"的"三反"运动，纯洁组织，清理不合格者、变质分子，保持艰苦奋斗、密切联系群众，夺取社会主义革命伟大胜利；改革开放和社会主义现代化建设新时期，党中央统一思想、整顿作风、加强纪律，重点清除"左"的错误在各方面的遗留影响，促使全党的认识和行动进一步统一到党的十一届三中全会后制定的路线、方针、政策上来，开启社会主义现代化建设新局面。历史表明，坚持真理、修正错误，始终保持党的指导思想与时俱进，必须坚持和发扬自我革命精神。中国特色社会主义新时代，全党坚决落实新时代党的建设总要求，健全全面从严治党体系，全面推进党的自我净化、自我完善、自我革新、自我提高，取得党的自我革命新成效。

刀刃向内，刮骨疗毒。在不同历史阶段，我们党始终以刀刃向内、刮骨疗毒的自我革命精神引领党的建设工作。新民主主义革命时期，中国共产党经受着国际国内复杂形势的多重考验，肩负着反帝反封建斗争的历史重任，始终坚持以高度自觉的自我革命精神，纠正党内错误倾向，强化党的思想建设，确保全党思想一致、行动统一，为党的革命事业的顺利推进奠定坚实基础。社会主义革命和建设时期，随着中国共产党由局部执政走向全国执政，党员人数急剧增加，党组织规模也逐渐扩大，党内存在的一些问题凸显出来。为解决好这些突出问题，中国共产党在全党集中开展整风整党运动，以保持党的先进性与纯洁性，持续推进党的自我革命。改革开放和社会主义现代化建设新时期，党的十一届三中全会开启了改革开放和社会主义现代化建设的新篇章。面对历史遗留问题与"左"倾错误思想的严重束缚，中国共产党以全新的战略思维与非凡的政治勇气加强完善党的自身建设，并针对改革进程中出现的腐败问题，刀刃向内、自我净化，为改革开放和现代化建设事业奠定坚实的政治基础。中国特色社会主义新时代下，中国共产党既担负着实现中华民族伟大复兴的历史重任，也面临着"两个大局"背景下的风险与挑战。要把新时代坚持和发展中国特色社会主义伟大社会革命进行好，我们党必须勇于进行自我革命，把党建设得更加坚强有力。

维护党中央权威和集中统一领导。维护党中央权威和集中统一领导是无产阶级政党的重要组织原则。

## 第四章　在守正创新中开辟百年大党自我革命新境界

这是马克思主义经典作家及其学说和事业的优秀继承者们在血与火的革命斗争实践中总结出的科学结论和宝贵经验。《中共中央关于党的百年奋斗重大成就和历史经验的决议》指出："党中央集中统一领导是党的领导的最高原则，加强和维护党中央集中统一领导是全党共同的政治责任……坚决维护党的核心和党中央权威，充分发挥党的领导政治优势，把党的领导落实到党和国家事业各领域各方面各环节，就一定能够确保全党全军全国各族人民团结一致向前进。"[1] 自我革命是为了解决党内现实存在的问题，为中国共产党在前进道路上扫清阻碍、清除潜在的危机而存在的，而不是自己否定自己，亦不能动摇中国共产党的执政地位。当前，我国正处于中华民族伟大复兴战略全局和世界百年未有之大变局彼此交汇、相互激荡的关键历史时期，需要应对的风险挑战比以往更多，需要战胜的困难矛盾也比以往更大。要更加坚决地维护党中央权威和集中统一领导，在全面建成小康社会、实现第一个百年奋斗目标的基础上，为全面建设社会主义现代化国家、向第二个百年奋斗目标进军积蓄磅礴的力量。

始终坚持人民至上的政治立场。《中共中央关于党

---

[1] 《中共中央关于党的百年奋斗重大成就和历史经验的决议》，《人民日报》2021年11月17日。

的百年奋斗重大成就和历史经验的决议》指出:"党的根基在人民、血脉在人民、力量在人民,人民是党执政兴国的最大底气。"① 一百多年来,我们党始终坚守人民立场,牢记"江山就是人民,人民就是江山",坚持人民群众反对什么、痛恨什么,就坚决防范和纠正什么,凝聚党心民心,不断厚植党执政的政治基础和群众基础。我们党推进自我革命,归根到底是为了顺应人民意愿,维护人民利益,避免脱离群众的危险。深入推进党的自我革命必须牢牢把人民群众的根本利益作为衡量一切工作的重要标准。同时,充分尊重人民是历史创造者的主体地位,依靠人民力量推进党的自我革命。一切为了人民、一切依靠人民,是我们党自我革命的强大动力,必须始终坚持、毫不动摇。进入新时代,以习近平同志为核心的党中央进一步深化群众路线,坚持发展为了人民、发展依靠人民、发展成果由人民共享,坚定不移走全体人民共同富裕道路,着力解决发展不平衡不充分问题和人民群众急难愁盼问题;将群众监督作为党和国家监督体系的重要一环,不断激发、加强群众监督意识,畅通完善群众监督平台,使群众监督与党的自我监督同向发力、形成合力。

---

① 《中共中央关于党的百年奋斗重大成就和历史经验的决议》,《人民日报》2021年11月17日。

## 三、深入推进新时代党的建设新的伟大工程，以党的自我革命引领社会革命

创新是自我革命的源泉，自我革命不是空喊口号、流于形式，而是刀刃向内、直面问题，这集中体现为党深入推进新时代党的建设新的伟大工程，以党的自我革命引领社会革命。"全党必须牢记，全面从严治党永远在路上，党的自我革命永远在路上，决不能有松劲歇脚、疲劳厌战的情绪，必须持之以恒推进全面从严治党，深入推进新时代党的建设新的伟大工程，以党的自我革命引领社会革命"①，在守正创新中开辟百年大党自我革命新境界。

（一）强化党的政治建设，坚定政治方向不偏移

"没有强有力的政治保证，党的团结统一就是一句空话。"② 习近平总书记在党的二十大报告中指出，新的征程上要以党的政治建设为统领，继续推进新时代党的建设新的伟大工程，以党的自我革命引领社会革

---

① 习近平：《高举中国特色社会主义伟大旗帜 为全面建设社会主义现代化国家而团结奋斗——在中国共产党第二十次全国代表大会上的报告》，人民出版社2022年版，第64页。

② 习近平：《论坚持党对一切工作的领导》，中央文献出版社2019年版，第81页。

命。这既是对党的十八大以来坚持和加强党的政治建设实践经验的深刻总结，也是对继续推进新时代党的建设新的伟大工程的战略部署。以党的自我革命引领社会革命，不是我们党要改变性质宗旨，改变政治方向，而是要勇于修正自身错误，不断完善自身，推动社会发展进步。

坚持党中央集中统一领导。中国共产党人历来重视党的领导问题，以习近平同志为核心的党中央一方面强调党的领导的重要性，指出坚持党的领导是决定党和国家前途命运的重大原则问题，强调巩固党的长期执政地位是自我革命的根本意义所在；另一方面创造性地提出"党的全面领导"，在前人的基础上进一步丰富和发展了党的领导的思想内涵。而坚持和加强党的全面领导，最重要的是坚决维护党中央权威和集中统一领导。习近平总书记在党的二十大报告中指出："中国共产党是最高政治领导力量，坚持党中央集中统一领导是最高政治原则。"[1] 可见，坚持党中央集中统一领导是党的领导的最高原则，这也就明确了自我革命的最高原则。党的二十大报告指出，前进

---

[1] 习近平：《高举中国特色社会主义伟大旗帜　为全面建设社会主义现代化国家而团结奋斗——在中国共产党第二十次全国代表大会上的报告》，人民出版社2022年版，第6页。

## 第四章 在守正创新中开辟百年大党自我革命新境界

道路上必须牢牢把握五个重大原则，其中第一条就是"坚持和加强党的全面领导"。必须把党的集中统一领导贯穿于经济建设、政治建设、文化建设、社会建设、生态文明建设等各个领域，体现到国防军队、祖国统一、外交工作、党的建设等各方面、各环节、全过程。坚决维护党中央权威和集中统一领导，最关键的就是坚决维护习近平同志党中央的核心、全党的核心地位。必须深刻把握"两个确立"的决定性意义，增强"四个意识"、坚定"四个自信"、做到"两个维护"。

坚持党要管党、全面从严治党。习近平总书记强调："办好中国的事情，关键在党，关键在党要管党、从严治党。"[①] 党的十八大以来，习近平总书记系统阐述了全面从严治党的主要内涵，强调全面从严治党"基础在全面，关键在严，要害在治"[②]。具体而言，"全面"就是管全党、治全党，面向全体党员和全部党组织，覆盖党的建设各个领域、各个方面、各个部门，重点是抓住"关键少数"；"严"就是真管真严、敢管敢严、长管长严；"治"就是从党中央到省市县党委，

---

① 中共中央党史和文献研究院编：《习近平关于全面从严治党论述摘编（2021年版）》，中央文献出版社 2021 年版，第 13 页。
② 中共中央党史和文献研究院编：《习近平关于全面从严治党论述摘编（2021年版）》，中央文献出版社 2021 年版，第 11 页。

从中央部委、国家机关部门党组（党委）到基层党支部，都要肩负起主体责任，党委书记要把抓好党建工作作为分内之事、必须担当的职责，各级纪委要担负起监督责任，敢于瞪眼黑脸，勇于执纪问责。① 上述思想系统回答了管党治党的范围、程度与责任等一系列基础性问题，同时也明确了新时代党的自我革命的根本路径。新时代坚持党要管党、全面从严治党，一是要增强忧患意识，不断推进党的自我革命，永葆党的先进性和纯洁性；二是要贯彻新时代党的建设总要求，深化党的建设制度改革，坚持依规治党，建立健全以党的政治建设为统领、全面推进党的各方面建设的体制机制；三是要规范党内政治生活，严明政治纪律和政治规矩，发展积极健康的党内政治文化，全面净化党内政治生态。

坚持以党的政治建设统领自我革命的政治方向。《中共中央关于党的百年奋斗重大成就和历史经验的决议》将"坚持自我革命"作为党百年奋斗历程的宝贵经验之一，肯定了自我革命对于全面从严治党的重要意义，彰显了中国共产党最鲜明的政治品格与政治优势。加强党的政治建设，目的是"坚定

---

① 中共中央党史和文献研究院编：《习近平关于全面从严治党论述摘编（2021年版）》，中央文献出版社2021年版，第11—12页。

## 第四章 在守正创新中开辟百年大党自我革命新境界

政治信仰，强化政治领导，提高政治能力，净化政治生态，实现全党团结统一、行动一致"[1]。具体而言，要以党章为根本遵循，把党章明确的党的性质和宗旨、指导思想和奋斗目标、路线和纲领落到实处。要凸显党的政治建设的根本性地位，聚焦党的政治属性、政治使命、政治目标、政治追求持续发力。要以党的政治建设为统领，把政治标准和政治要求贯穿党的思想建设、组织建设、作风建设、纪律建设以及制度建设、反腐败斗争的始终，以政治上的加强推动全面从严治党向纵深发展，引领带动党的建设质量全面提高。要坚持问题导向，注重"靶向治疗"，针对政治意识不强、政治立场不稳、政治能力不足、政治行为不端等突出问题强弱项、补短板。要把党的政治建设融入党和国家重大决策部署的制定和落实全过程，做到党的政治建设与各项业务工作特别是中心工作紧密结合、相互促进。[2] 可以说，以党的政治建设为统领是自我革命的政治方向，只有牢牢以党的政治建设为统领，党的自我革命才不会发生政治方向上的偏移。

---

[1] 中共中央党史和文献研究院编：《十九大以来重要文献选编》（上），中央文献出版社2019年版，第795页。

[2] 《中共中央关于加强党的政治建设的意见》，《人民日报》2019年2月28日。

## （二）弘扬党的革命精神，坚定理想信念不变色

习近平总书记指出："不要忘记我们是共产党人，我们是革命者，不要丧失了革命精神。"[①] 当前，少数党员、干部自我革命精神淡化，安于现状、得过且过；有的检视问题能力退化，患得患失、讳疾忌医；有的批评能力弱化，明哲保身、装聋作哑；有的骄奢腐化，目中无纪，甚至顶风违纪，违反党的纪律和中央八项规定精神问题屡禁不止。面临许多新矛盾、新问题、新风险、新挑战，需要我们继续弘扬伟大革命精神，在前进道路上攻坚克难，不懈奋斗。

在党的自我革命中熔铸伟大革命精神。积极弘扬革命精神有利于推动革命实践发展，因此新时代革命精神的弘扬和发展要求我们密切结合时代诉求和实践需要。革命、建设、改革都是中国共产党团结领导人民开展伟大革命实践的过程，在这一进程中作为革命者的中国共产党必须首先开展自我革命，以坚定彻底的革命意志和行动全面推进从严治党，去除革命肌体中的顽瘴痼疾。新时代以来，面对世情、国情和党情的深刻变化，党作为领导核心只有以自我革命的精神

---

[①]《习近平谈治国理政》第三卷，外文出版社2020年版，第70页。

## 第四章 在守正创新中开辟百年大党自我革命新境界

加强自身建设,才能适应时代发展。以习近平同志为核心的党中央以党要管党、从严治党的紧迫感,不断加强党的政治、组织、思想、制度和廉政建设,以自我革命的勇气和魄力全面净化党内政治生态。这场自上而下的自我革命层层推进,取得了巨大成绩,全党形成了广泛共识,新时代党的建设新的伟大工程得到了人民群众的衷心拥护和广泛支持。我们要在党的自我革命中熔铸伟大革命精神,在深化自我革命中锻造党的政治领导力、思想引领力、群众组织力、社会号召力。

在党史学习教育中弘扬党的革命精神。我们党历来重视党史学习教育,注重用党的奋斗历程和伟大成就鼓舞斗志、明确方向,用党的光荣传统和优良作风坚定信念、凝聚力量,用党的实践创造和历史经验启迪智慧、砥砺品格。"中国革命历史是最好的营养剂,重温这部伟大历史能够受到党的初心使命、性质宗旨、理想信念的生动教育,必须铭记光辉历史、传承红色基因。"[①] 习近平总书记指出:"要坚持围绕中心、服务大局,通过对党的历史发展规律的揭示,为人们正确认识现实和改造现实提供历史依据和历史启示,更好

---

[①] 习近平:《在党史学习教育动员大会上的讲话》,人民出版社2021年版,第3—4页。

地为党的政治路线和政治任务服务。"① 站在历史新起点，党史学习教育应始终围绕实现中华民族伟大复兴展开，注重挖掘自我革命精神和资源，不断提高应对风险、迎接挑战、化险为夷的能力水平。我们要树立正确的党史观，坚持以我们党关于历史问题的三个决议和党中央有关精神为依据，准确把握党的历史发展的主题主线、主流本质，正确认识和科学评价党史上的重大事件、重要会议、重要人物。我们要不断总结党史学习教育经验，将集中学习教育与经常性学习相结合，建立健全常态化、长效化制度机制，巩固党史学习教育成果，坚持党史学习教育永远在路上。

在社会主义核心价值观的培育中弘扬党的革命精神。新时代弘扬党的革命精神，坚定理想信念，必须植根于社会主义核心价值观的培育土壤。社会主义核心价值观是革命精神在新时代的丰富与发展：富强、民主、文明、和谐是中国共产党人一直以来的革命目标，是千百年来深深融入中华儿女血脉中的基因；自由、平等、公正、法治体现了伟大的社会革命的根本价值取向，凝聚了民众对美好生活的新期待；爱国、敬业、诚信、友善符合个人对革命精神的追求，具有

---

① 中共中央党史研究室编：《历史是最好的教科书——学习习近平同志关于党的历史的重要论述》，中共党史出版社2014年版，第11页。

## 第四章 在守正创新中开辟百年大党自我革命新境界

广泛的群众基础。可见,只有在社会主义核心价值观的培育过程中,才能更好地弘扬革命精神。社会主义核心价值观应当多维度融入革命精神创建活动。鉴于我国红色资源丰富,在建设和改革进程中各地区凝练出众多具体形态的革命文化,一方面我们既要对革命文化进行持续性保护,另一方面又要注重挖掘革命文化的文化产业价值,确保革命文化传播的生机和活力。比如,以重大纪念日为节点,充分运用本地区的红色纪念馆、烈士陵园等资源开展群众喜闻乐见的文明创建活动,广泛吸引群众参与其中并接受革命精神的熏陶和洗礼。

### (三)完善自我革命制度,坚持制度治党不懈怠

"回顾党的历史,我们党总是在推动社会革命的同时,勇于推动自我革命,始终坚持真理、修正错误,敢于正视问题、克服缺点,勇于刮骨疗毒、去腐生肌。正因为我们党始终坚持这样做,才能够在危难之际绝处逢生、失误之后拨乱反正,成为永远打不倒、压不垮的马克思主义政党。"[①] 深入推进新时代党的建设新的伟大工程,以党的自我革命引领社会革命,需要我

---

① 中共中央党史和文献研究院编:《十九大以来重要文献选编》(中),中央文献出版社 2021 年版,第 379 页。

们党不断完善党的自我革命制度规范体系，开辟百年大党自我革命新境界。

完善党内法规制度体系。习近平总书记明确提出，"要坚持依法治国、依规治党"①。党的十八大以来，在反腐败取得压倒性优势之后，全面从严治党从高压反腐的"治标"阶段开始进入制度治党的"治本"阶段，党中央一方面将制度治党、依规治党作为党的自我革命的重要方式和治本之策，另一方面将制度建设提升到制度治党、依规治党层面，将党内法规制度建设贯穿于治党的全过程，贯穿到党的自我革命的各个领域。为有效推进党以自我革命引领社会革命，我们党必须坚持制度治党、依规治党，以党章为根本，以民主集中制为核心，完善党内法规制度体系，增强党内法规的权威性和执行力，形成坚持真理、修正错误、发现问题、纠正偏差的机制。"我们党之所以伟大，不在于不犯错误，而在于从不讳疾忌医，敢于直面问题，勇于自我革命。"② 贯彻落实好党内法规制度，必须"明确责任主体，确保可执行、可监督、可检查、可问责"③。

---

① 中共中央纪律检查委员会、中共中央文献研究室编：《习近平关于严明党的纪律和规矩论述摘编》，中央文献出版社、中国方正出版社2016年版，第87页。
② 《习近平谈治国理政》第四卷，外文出版社2022年版，第542页。
③ 习近平：《论坚持全面依法治国》，中央文献出版社2020年版，第153页。

### 第四章　在守正创新中开辟百年大党自我革命新境界

健全党统一领导、全面覆盖、权威高效的监督体系。党和国家监督体系是我们党在长期执政条件下实现自我革命的重要制度保障。在党的十九届中央纪委六次全会上，习近平总书记将"坚持完善党和国家监督制度，形成全面覆盖、常态长效的监督合力"[①]列为"九个坚持"规律性认识之一。权力是最大的腐蚀剂，我们党长期执政必然面临被腐蚀的风险。如何加强对权力运行的制约和监督，是我们党长期执政条件下必须破解的重大政治课题。解决这个问题，根本上要靠党自我革命、自我净化，探索出一条党长期执政条件下实现自我净化的有效路径。为有效推进党以自我革命引领社会革命进程，我们党应当坚持问题导向与目标导向相统一，加强顶层设计，完善权力监督制约机制，构建起以党内监督为主导、各类监督贯通协调的体制机制，一体推进不敢腐、不能腐、不想腐，为加强党的全面领导、推进国家治理体系和治理能力现代化提供强大支撑。

推进政治监督具体化、精准化、常态化。完善党的自我革命制度规范体系，切实推进党的自我革命，需要有效发挥政治监督的作用。在推进党的自我革命

---

[①]《坚持严的主基调不动摇　坚持不懈把全面从严治党向纵深推进》，《人民日报》2022年1月19日。

过程中，政治监督这一重大命题被党中央提出来，党的十九届中央纪律检查委员会第四次全体会议公报明确提出，"新时代强化政治监督的根本任务就是'两个维护'"①。政治监督不仅要做到全覆盖，还要坚持精准思维，聚焦"两个维护"，突出重点任务。《中国共产党纪律检查委员会工作条例》将政治监督的重点任务确定为"坚持党的领导，贯彻落实党的理论和路线方针政策、党中央决策部署，践行'两个维护'的情况"以及"贯彻执行民主集中制的情况"等四种情况。②为推进政治监督具体化，更好发挥政治监督作用，全国各地应分别制定政治监督清单。此外，我们党还要不断完善政治监督常态化机制，规范监督程序、制定监督规则、落实监督方式、保障监督执行，切实推动政治监督的持续开展。

发挥政治巡视利剑作用。从本质上来看，政治巡视是实现"四个自我"提高的自我革命，在党内监督中发挥了利剑作用。政治巡视是针对党内存在的不敢监督、不愿监督现象，应对监督缺位、破解监督难题、提升监督实效的重要制度安排，使监督成为全党保持

---

① 《中国共产党第十九届中央纪律检查委员会第四次全体会议公报》，《中国纪检监察》2020年第2期。
② 《中国共产党纪律检查委员会工作条例》，《人民日报》2022年1月5日。

## 第四章 在守正创新中开辟百年大党自我革命新境界

清醒坚定、推进党以自我革命引领社会革命的重要保证。党的二十大报告指出，完善党的自我革命制度规范体系，要"发挥政治巡视利剑作用，加强巡视整改和成果运用"①。坚持惩前毖后、治病救人的方针，做到早发现、早干预，及时纠偏。要严明政治纪律和政治规矩，履行政治巡视职责，深化运用"四种形态"，"查处违背党的路线方针政策、破坏党的集中统一领导问题，清除'两面人'，保证全党在政治立场、政治方向、政治原则、政治道路上同党中央保持高度一致"②。

落实全面从严治党政治责任。作为新时代党的自我革命的伟大实践，全面从严治党的成效直接决定着党的自我革命的成效。党的二十大报告指出，完善党的自我革命制度规范体系，要"落实全面从严治党政治责任，用好问责利器"③。2019 年修订的《中国共产党问责条例》明确规定，对党组织、党的领导干部"不履行或者不正确履行职责"等十一种情形进行问责；对党的领导干部的问责主要采取通报、诫勉、组

---

① 习近平：《高举中国特色社会主义伟大旗帜 为全面建设社会主义现代化国家而团结奋斗——在中国共产党第二十次全国代表大会上的报告》，人民出版社 2022 年版，第 66 页。
② 《中共中央关于党的百年奋斗重大成就和历史经验的决议》，《人民日报》2021 年 11 月 17 日。
③ 习近平：《高举中国特色社会主义伟大旗帜 为全面建设社会主义现代化国家而团结奋斗——在中国共产党第二十次全国代表大会上的报告》，人民出版社 2022 年版，第 66 页。

织调整或者组织处理、纪律处分等四种方式。为有效推进党以自我革命引领社会革命，我们党必须要明确责任主体，强化责任追究；明确责任内容，坚持问题导向；健全问责机制，坚持有责必问、问责必严。总之，我们党必须要"完善党委（党组）落实全面从严治党主体责任的制度并严格抓好执行，不断提高党的组织建设的制度化、规范化、科学化水平"①。

---

① 中共中央党史和文献研究院编：《十九大以来重要文献选编》（中），中央文献出版社2021年版，第601页。

# 第五章　在守正创新中实现中华优秀传统文化新发展

习近平总书记在党的二十大报告中明确指出："中华优秀传统文化源远流长、博大精深，是中华文明的智慧结晶，其中蕴含的天下为公、民为邦本、为政以德、革故鼎新、任人唯贤、天人合一、自强不息、厚德载物、讲信修睦、亲仁善邻等，是中国人民在长期生产生活中积累的宇宙观、天下观、社会观、道德观的重要体现，同科学社会主义价值观主张具有高度契合性。"① 中华优秀传统文化是中华民族的"根"和"魂"，"如果没有中华五千年文明，哪里有什么中国特色？如果不是中国特色，哪有我们今天这么成功的中国特色社会主义道路？"② 中国特色社会主义是全面发展、全面进步的事业，没有社会主义文化繁荣发展，

---

① 习近平：《高举中国特色社会主义伟大旗帜　为全面建设社会主义现代化国家而团结奋斗——在中国共产党第二十次全国代表大会上的报告》，人民出版社2022年版，第18页。

② 《习近平的文化情怀》，《人民日报》2022年5月12日。

就没有社会主义现代化。今天的中国是历史的中国的一个发展，是社会主义中国，是具有五千年历史的古老中国的当代存在。繁荣发展社会主义文化，必须坚守中华文明立场，挖掘中华优秀传统文化蕴含的丰厚滋养。同时也必须站在社会形态变革的高度进行审视，始终坚持马克思主义的指导地位，坚持创造性转化、创新性发展，把马克思主义思想精髓同中华优秀传统文化精华贯通起来、同人民群众日用而不觉的共同价值观念融通起来，在守正创新中实现中华优秀传统文化新发展。

## 一、坚守中华文化立场

坚守中华文化立场，就是要守中华优秀传统文化之正，关乎中华文化的存续和发展，关乎中华民族的前途和命运。这既是由中华优秀传统文化自身源远流长、博大精深的特点所决定的，又是实现中华优秀传统文化新发展的客观规律的要求。中国共产党是中华优秀传统文化的忠实传承者和弘扬者，在百年奋斗征程中始终高度重视中华优秀传统文化，不断推动中华优秀传统文化的继承和发展。

## 第五章 在守正创新中实现中华优秀传统文化新发展

（一）坚守中华文化立场是实现中华优秀传统文化新发展的历史必然

只有坚守中华文化立场，传承中华优秀传统文化中蕴含的宇宙观、天下观、社会观和道德观，才能赓续中华民族的精神血脉，实现中华优秀传统文化的新发展。当然，这也是实现中华民族伟大复兴的现实要求，既要有强大的物质力量，也要有强大的精神力量。此外，唯有这样才能为世界作出更大贡献，彰显中国文化、中国智慧对人们认识世界、改造世界的启迪作用。

坚守中华文化立场是赓续中华民族精神血脉的历史要求。习近平总书记指出："每到重大历史关头，文化都能感国运之变化、立时代之潮头、发时代之先声，为亿万人民、为伟大祖国鼓与呼。中华文化既坚守本根又不断与时俱进，使中华民族保持了坚定的民族自信和强大的修复能力，培育了共同的情感和价值、共同的理想和精神。"[1] 自古以来，中华文化以其鲜明的宇宙观、天下观、社会观和道德观，内生性地促进自身的延续发展。其从未中断的发展历史已经证明，中

---

[1] 习近平：《在文艺工作座谈会上的讲话》，《人民日报》2015年10月15日。

华文化无论是对于中华民族而言，还是对于世界文明来说，都发挥着无可替代的重要作用。那么，发展中国特色社会主义文化，首先就要坚守中华文化立场，守住中华优秀传统文化这一"根和魂"，在弘扬中华优秀传统文化、传承中华民族优秀文化基因中，夯实中华文化的根基，进而发展民族的、科学的、大众的社会主义文化。如果动摇了中华文化立场，历史虚无主义、文化虚无主义等就会甚嚣尘上。所以，只有坚守文化立场，守住中华文化发展的本根，才能筑牢中华文化根基，赓续中华文化命脉，发展面向现代化、面向世界、面向未来的中华文化，激发全民族文化创新创造活力，增强实现中华民族伟大复兴的精神力量。

坚守中华文化立场是实现中华民族伟大复兴的现实要求。实现中华民族伟大复兴，是近代以来中国人民最伟大的梦想，也是贯穿党的百年奋斗的鲜明主题。习近平总书记反复强调，没有中华文化繁荣兴盛，就没有中华民族伟大复兴。一个民族的复兴需要强大的物质力量，也需要强大的精神力量。没有先进文化的积极引领，没有人民精神世界的极大丰富，没有民族精神力量的不断增强，一个国家、一个民族就不可能屹立于世界民族之林。近代以来，中华民族从磨难中奋起、从民族危亡走向民族复兴的历程，也正是坚守

## 第五章 在守正创新中实现中华优秀传统文化新发展

中华文化立场,不断实现中华文化焕发活力、走向复兴的历程。可以说,中华文化赋予中华民族特有的精神品格,为中华民族伟大复兴提供价值指引、精神动力和智力支持。当然,在近代以来的历史过程中,我们也有过深刻的教训,比如五四运动中的"打倒孔家店"、"文化大革命"中的"横扫牛鬼蛇神"等,对中华文化的存续发展造成了极为严重的消极影响。这也再次凸显了实现中华民族伟大复兴、实现中华优秀传统文化新发展,必须坚守中华文化立场,在守住中华优秀传统文化的本根的基础上,将推动中华文化繁荣昌盛融入到实现中华民族伟大复兴不可逆转的历史进程中。

坚守中华文化立场是为世界文化繁荣发展作贡献的需要。不同文化形态互鉴沟通是文化创新发展的必要条件。习近平总书记深刻指出:"文明因交流而多彩,文明因互鉴而丰富。文明交流互鉴,是推动人类文明进步和世界和平发展的重要动力。"[①] 回溯人类文明发展进步的历史长河,中华民族和中华文化始终注重与其他文明平等交流、互学互鉴,以海纳百川的博大胸襟,在积极学习、融合异域文化优长的基础上推

---

[①] 习近平:《在联合国教科文组织总部的演讲》,《人民日报》2014年3月28日。

动中华文明和中华文化创新发展，佛教东传、西学东渐，包括马克思主义、科学社会主义传入中国等，都充分体现了中华文化的采鉴与创造。直面世界文化繁荣发展的未来，随着中国日益走近世界舞台的中央，中华文化、中国精神逐渐被世界各国人民所接受和认可，一系列带有中华民族色彩的概念、理念、思想、话语等正日益成为国际话语中的核心议题和基本共识。只有坚守中华文化立场，守住中华优秀传统文化的本根，才能不断展现中华文化对世界发展的巨大作用。否则，动摇或者放弃中华文化立场，就会失去与世界文化交流、对话的主体性前提，更谈不上为世界文化繁荣作出中国贡献。所以，坚守文化立场，是中华文化走向世界、融入世界的前提，也是学习外来文化、吸收外来文化的基础。

（二）中国共产党是中华优秀传统文化的忠实传承者和弘扬者

中国共产党是中华优秀传统文化的忠实传承者和弘扬者。中国共产党团结带领人民不懈奋斗、创造辉煌的一百年，也是中国共产党人自觉肩负历史责任，坚持辩证唯物主义和历史唯物主义，秉持客观、科学、礼敬的态度，对中华传统文化取其精华、去其糟粕，

## 第五章 在守正创新中实现中华优秀传统文化新发展

扬弃继承、转化创新,激励中华儿女砥砺奋进的一百年。

新民主主义革命时期,在国家和民族生死存亡的危急关头,中国共产党人肩负起"我们民族一切文化、思想、道德的最优秀传统的继承者"的历史重任,批判阻碍社会进步的旧思想、旧道德,打开了新思想、新文化涌流的闸门。毛泽东同志在《中国共产党在民族战争中的地位》一文中,就正确对待历史和历史遗产作了生动的比喻论述,强调我们作为马克思主义的历史主义者,在数千年的民族历史前,面对数不尽的历史珍贵品,都应该秉持"小学生"的姿态,"从孔夫子到孙中山,我们应当给以总结,承继这一份珍贵的遗产"[①]。可以说,中国共产党在新民主主义革命时期积极运用传统文化精华阐释马克思主义基本原理,创造性利用人民群众喜闻乐见的民族民间文化载体和艺术样式传播科学真理,着力建设民族的、科学的、大众的新民主主义文化,中华文化迸发出强大的凝聚力、感召力,汇聚起中华儿女前赴后继、改天换地的磅礴力量。

社会主义革命和建设时期,为了使中华民族"以

---

[①] 《毛泽东选集》第二卷,人民出版社1991年版,第534页。

一个具有高度文化的民族出现于世界"，中国共产党全面推进文化建设，毛泽东同志进一步提出"古为今用""推陈出新"的方针，指明面对中华优秀传统文化要不断继承并弘扬。在话语形式上，毛泽东同志也注重用民族化的、人民群众所喜闻乐见的语言表述马克思主义。例如，在整风运动中将马克思主义的思想路线凝练为"实事求是"；借用"愚公移山"的成语典故表达将革命进行到底的坚定意志；在《矛盾论》中揭示的矛盾转化规律，也是对中国传统哲学"阴阳互补""一物两体""相反相成"等辩证思维方式的继承。此外，中国共产党还新建、改造一批文化机构，逐步建立中华优秀传统文化传承发展的制度，坚决荡涤旧社会的落后思想和污泥浊水，推动形成革命的、健康的、朝气蓬勃的新道德新风尚，挺立起中华民族坚韧不拔、战天斗地的精神脊梁。

改革开放和社会主义现代化建设新时期，针对思想文化和意识形态领域出现的新情况、新问题，中国共产党坚持物质文明和精神文明两手抓、两手都要硬，积极构建与社会主义市场经济相适应、与社会主义法律规范相协调、与中华民族传统美德相承接的社会主义思想道德体系，加强文化遗产保护，有序推进文化领域改革开放。邓小平同志借用《礼记》中"小康"

## 第五章 在守正创新中实现中华优秀传统文化新发展

一词描述中国现代化的愿景蓝图,并且突出强调"民族文化"的特点,提出对古今中外文化作品中一切好的东西都要予以"钻研、吸收、融化和发展"的具体原则。江泽民同志和胡锦涛同志继续推进中华优秀传统文化与时俱进,增强国家文化软实力。1997年,江泽民同志在哈佛大学的演讲,从历史文化的视角,向世界宣告了孕育于五千年文明发展史中的团结统一、独立自主、爱好和平、自强不息的传统[①],不仅阐发了中华优秀传统文化的发展历程和精神实质,而且也强调了中华优秀传统文化在推动人类社会发展方面所起到的世界贡献。胡锦涛同志也指出,提升文化软实力、增强文化整体实力和竞争力,都需要从历史文化的土壤中找寻精神支撑,"必须继承和发扬中华优秀传统文化,大力弘扬中华文化,建设中华民族共有精神家园"[②]。

中国特色社会主义进入新时代,以习近平同志为核心的党中央高度重视传承弘扬中华优秀传统文化。习近平总书记鲜明提出"坚持把马克思主义基本原理同中国具体实际相结合、同中华优秀传统文化相结

---

① 《江泽民文选》第二卷,人民出版社2006年版,第60—62页。
② 《胡锦涛文选》第三卷,人民出版社2016年版,第565页。

合"①,科学阐释中华优秀传统文化的内涵、基因和特质,辩证揭示中华优秀传统文化与当代文化、与世界文化之间的关系,精辟阐述中华优秀传统文化对坚持和发展中国特色社会主义、加强社会主义核心价值观建设、推进治国理政等的基础、根基、血脉、源泉作用和不可或缺的借鉴、滋养、启迪意义,阐述中华优秀传统文化在构建中华民族共有精神家园、构建人类命运共同体当中的纽带作用、认同功能,阐述传承发展中华优秀传统文化必须坚持的方针原则和目标任务,突出强调坚守中华文化立场,推动中华优秀传统文化创造性转化、创新性发展的时代使命和责任担当,明确要求深入挖掘阐发传统文化精髓,构建中国文化基因理念体系,提炼展示中华文明精神标志。习近平总书记的一系列重要论述,对丰富和发展马克思主义文化建设理论作出了重大原创性贡献,把我们对中华优秀传统文化地位作用的认识提升到了一个新高度,推动中华优秀传统文化的创造性转化、创新性发展迎来变革性实践,取得突破性进展、标志性成就,使中华文脉在赓续传承中发扬光大,彰显出强大的生命力、凝

---

① 习近平:《在庆祝中国共产党成立100周年大会上的讲话》,人民出版社2021年版,第13页。

聚力、影响力,增强了中国人民和中华民族内心深处的自信感与自豪感。

## 二、坚持创造性转化、创新性发展

坚持创造性转化、创新性发展,才能实现中华优秀传统文化新发展。中华优秀传统文化是中华民族的突出优势,是我们最深厚的文化软实力。但是突出优势与文化软实力的发挥并不是一个自然而然的过程。任何文化都是具体历史时代的产物,传统文化是经过漫长的社会发展而形成的,不可避免地打上了传统社会的印记,在内容和形式上或多或少存在着与今天的现实生活不相适应的地方。在守正创新中实现中华优秀传统文化新发展,首先就是一个对中华优秀传统文化进行创造性转化与创新性发展的过程。坚持创造性转化、创新性发展,就是依据一定的指导思想和原则,将中华优秀传统文化蕴含的思想观念、人文精神、道德规范等进行科学的分析、鉴别和扬弃,并结合时代要求进行创造性的转换、诠释和激活,使之符合现代社会发展的需要并成为中国特色社会主义文化的有机组成部分。

## 守正创新

（一）坚持以马克思主义为指导，站在社会形态变革的高度审视马克思主义与中华优秀传统文化的关系

当代中国是历史中国的一个发展，社会主义中国是具有五千年历史的古老中国的当代存在。因此，我们在思想理论上有两大渊源：一个是马克思主义，一个是中华优秀传统文化。马克思主义是我们立党立国、兴党兴国的根本指导思想，为中国革命、建设、改革提供了强大思想武器，中华优秀传统文化则是中华民族的精神血脉和中华民族的文化之根。马克思主义之所以能够在中国落地生根、开花结果，正是因为它与我国几千年的优秀历史文化和广大人民日用而不觉的价值观念相融通。那么，要推动中国特色社会主义的发展，我们不仅不能丢了马克思主义这个"老祖宗"，也不能丢了中华优秀传统文化这个"根和脉"。

中国共产党在百年奋斗征程中始终重视马克思主义与中华文化的密切关系，从理论和实践上找到了一条解决马克思主义与中华优秀传统文化关系问题的正确途径。不论是中国特色社会主义理论体系，还是社会主义核心价值体系和社会主义核心价值观，都从包括儒学在内的中国传统文化中吸取了不少思想资源。不过在讨论马克思主义和以儒学为主导的中国传统文

化关系时，决不能忘记社会形态变革这个重大的历史和现实。中国社会主义制度的建立是社会形态的根本变化，这是中国历史上几千年未有的大变化。因此，这要求我们在认识和把握马克思主义与中华优秀传统文化的关系时，要站在社会形态变革的高度进行审视，始终坚持马克思主义的指导地位，将马克思主义与中华优秀传统文化的关系看作是主导意识与支援意识的关系。这是从古今关系立论，从坚持先进文化的前进方向立论，强调立足现实，顺应历史发展规律，又不割断历史，将有价值的历史资源转化为支援意识，古为今用。"如果不懂得这个根本出发点，就无法理解登上中国政治舞台的中国共产党，为什么不能继续沿着儒家铺就的道路作为中华民族复兴之路，而要举起马克思主义旗帜。"① 坚持马克思主义基本原理同中华优秀传统文化相结合的一个内在要求，就是坚持马克思主义的指导地位，运用马克思主义的立场观点方法，推动中华优秀传统文化的创造性转化与创新性发展。

（二）与现代结合，在传统与现代的转化中适应当代中国社会发展需要

坚持创造性转化、创新性发展，实现中华优秀传

---

① 陈先达：《马克思主义和中国传统文化》，《光明日报》2015年7月3日。

统文化新发展，首先是一个现代转化的问题，其根本任务是根据时代发展的客观需要，对中华优秀传统文化作出新的选择、诠释与更新。习近平总书记指出："只有聆听时代的声音，回应时代的呼唤，认真研究解决重大而紧迫的问题，才能真正把握住历史脉络、找到发展规律，推动理论创新。"① 所以，适应当代中国社会发展需要，实现从传统到现代的转化，是坚持创造性转化、创新性发展的应有之义，也是实现中华优秀传统文化新发展的必然要求。

立足于中国式现代化的建设实际，使中华优秀传统文化与当代社会相适应，为经济社会发展提供动力，实现文化与经济社会融合、互动发展。具体来说，就是要按照是否有利于推动中国特色社会主义的建设事业，是否有利于建设和形成中国特色社会主义文化体系，是否有利于改善社会风气和提高广大人民群众的思想道德体系，做好创造性转化和创新性发展工作，赋予中华优秀传统文化以新的时代精神，不断推动中国特色社会主义文化建设发展。可以说，中华优秀传统文化唯有对社会现实作出积极回应，不断引入问题意识，不断拓宽研究视

---

① 习近平：《在哲学社会科学座谈会上的讲话》，《人民日报》2016年5月19日。

## 第五章　在守正创新中实现中华优秀传统文化新发展

野，才能实现持续发展。此外，与现实相适应，还包括与现代信息技术的融合发展。这是坚持创造性转化、创新性发展的崭新课题。习近平总书记在党的二十大报告中指出："实施国家文化数字化战略，健全现代公共文化服务体系，创新实施文化惠民工程。"[①] 也就是说，要着眼于现代信息技术的发展前沿，使中华优秀传统文化与现代信息技术相融合，运用现代信息技术为中华优秀传统文化创造性转化、创新性发展赋能。当前，我国的大数据、虚拟现实、人工智能等现代科技发展迅速，并被广泛运用于文化领域。某种程度上说，中华优秀传统文化的保护、传承、传播，都离不开现代信息技术的强大支撑与整体赋能。现代信息技术能够创新中华优秀传统文化的表达方式，重塑中华优秀传统文化的存在形态、价值内涵与体验模式，不断赋予中华优秀传统文化以新的生命活力与时代风貌，可以有效提升中华优秀传统文化的表现力、吸引力、感染力与传播力，不断拓宽其创新发展的空间。

---

[①] 习近平：《高举中国特色社会主义伟大旗帜　为全面建设社会主义现代化国家而团结奋斗——在中国共产党第二十次全国代表大会上的报告》，人民出版社2022年版，第45页。

(三）与大众贴近，在继承与创新中发挥中华优秀传统文化人伦日用的化育功能

坚持创造性转化、创新性发展，实现中华优秀传统文化新发展，不仅要贴近现实，还要走进群众。中华传统美德一个很重要的特点就是重视人伦日用，它力倡融德行于个体的日常生活之中，把具体的道德规范贯彻到现实生活的方方面面。那么，坚持创造性转化、创新性发展就应该把这一鲜明特点予以放大，紧扣我国社会主要矛盾的转化，真正结合人民群众的精神文化需要，使其蕴含的思想观念、人文精神、道德规范富有接近大众生活的新意义，不断丰富人们的精神世界，增强人们的精神力量。

立足人们现实的生活世界，实现中华优秀传统文化创造性转化、创新性发展。实践是人的根本存在方式和本质活动。人们现实的生活世界，是人的生活实践活动长期发展的必然结果与必然产物，是人生活于其中并以全面的人为指向的人的世界。那么，实现中华优秀传统文化创造性转化、创新性发展，既是人们现实生活发展的需要，也是实现中华优秀传统文化新发展必然要遵循的基本原则。中华优秀传统文化只有在人们的现实生活中贴近人们的生活需要，才能为广

大人民群众所接受。同时，围绕满足人民日益增长的美好生活需要这一目标，实现中华优秀传统文化的创造性转化、创新性发展，在立足人们现实生活的基础上，还要准确把握新时代人民文化需求的新特点、新趋向，对中华优秀传统文化进行符合新时代的补充、拓展和完善。对具有现代价值但表现形式陈旧的内容，要结合新时代人民需求的特点，赋予其新的时代表达，激活其生命力。当然，实现中华优秀传统文化创造性转化、创新性发展，还必须尊重人民群众的主体地位与作用。习近平总书记指出："人民既是历史的创造者、也是历史的见证者，既是历史的'剧中人'、也是历史的'剧作者'。"① 人民的生产生活蕴藏着文化生产的全部内容，也渗透着中华优秀传统文化传承发展的具体要求。坚持创造性转化、创新性发展，就要充分发挥人民的文化创造能力，使他们真正成为"剧作者"。

（四）与世界接轨，在全球文化激荡中实现中华优秀传统文化的自主发展和更新

人类文化发展进步的过程表明，一种文化与异质文化的交流和碰撞、冲突和融合，是保持其生命力、

---

① 习近平：《在文艺工作座谈会上的讲话》，《人民日报》2014年10月15日。

实现自我更新和发展的重要机制，是文化演进发展的一种带有规律性的现象。习近平总书记指出："对人类社会创造的各种文明，无论是古代的中华文明、希腊文明、罗马文明、埃及文明、两河文明、印度文明等，还是现在的亚洲文明、非洲文明、欧洲文明、美洲文明、大洋洲文明等，我们都应该采取学习借鉴的态度，都应该积极吸纳其中的有益成分，使人类创造的一切文明中的优秀文化基因与当代文化相适应、与现代社会相协调，把跨越时空、超越国度、富有永恒魅力、具有当代价值的优秀文化精神弘扬起来。"[1]

每一个民族的文化又都是世界的，这是文化本身所固有的特性。坚持创造性转化、创新性发展，就要积极吸收世界文明的优秀成果。历史反复证明，故步自封地坚守自己的民族性，不仅不会带来民族文化的发展，反而会使得原本先进的文化落后于世界文明发展的潮流。因此，吸收世界文明成果以丰富自身，是实现中华优秀传统文化创造性转化和创新性发展的必然要求。需要强调的是，进行文明互鉴交流，必须坚持从本国本民族实际出发，坚持取长补短、择善从之，讲究兼收并蓄、博采众长，切不可囫囵吞枣、莫衷一

---

[1] 习近平：《在纪念孔子诞辰2565周年国际学术研讨会暨国际儒学联合会第五届会员大会开幕会上的讲话》，《人民日报》2014年9月25日。

## 第五章　在守正创新中实现中华优秀传统文化新发展

是,而是重在去粗取精、去伪存真。在吸收世界文明优秀成果的同时,还要以民族性融入世界性。吸收世界文明成果是手段,而在坚持自身文化民族性的同时融入到世界文明体系之中,使中华优秀传统文化"走出去",不断提高中华优秀传统文化的影响力,彰显中华优秀传统文化的世界意义,也是坚持创造性转化、创新性发展的重要目的。所以,中华优秀传统文化的创造性转化、创新性发展,需要着眼于世界文化发展的前沿,加强与世界文化的交流,汲取世界各民族文化的长处以实现自身的更新发展,在这个过程中保持自身的独特性,增强中华优秀传统文化的国际影响力。

(五)与未来对话,在启迪人类未来发展中为世界文明进步作出新贡献

中华优秀传统文化既是过去的,也是现在的,更是未来的。只有能够面向未来,能够为人类未来社会发展和人类未来文明进步发挥积极作用的文化,才是有生命力的软实力。习近平总书记指出,解决当代人类问题,"我们要从历史中汲取智慧。……我们也要从现实中寻找答案"[1]。中华优秀传统文化蕴藏着解决人类所面临的诸多难题的重要启示。那么,坚持创造性

---

[1]《习近平谈治国理政》第二卷,人民出版社2017年版,第543页。

转化、创新性发展，还要主动回应当代人类共同面临的诸多全球性问题，关心人类社会的可持续发展问题，关注人类社会的整体性发展问题，在与未来的对话中激活中华优秀传统文化的生命力。

全球化使今天的人类命运紧紧地联系在一起，人类也面临着许多共同的挑战和世界性难题，中国作为正在走近世界舞台中央的负责任大国，应该全力推进人类命运共同体建设，为当代各种世界性难题的解决提供中国方案、贡献中国智慧。可以说，中华优秀传统文化中蕴藏着解决当代人类面临的难题的重要启示，比如，关于道法自然、天人合一的思想，关于天下为公、大同世界的思想，关于自强不息、厚德载物的思想，关于以民为本、安民富民乐民的思想，关于为政以德、政者正也的思想，关于"苟日新，日日新，又日新"、革故鼎新、与时俱进的思想，关于脚踏实地、实事求是的思想，关于经世致用、知行合一、躬行实践的思想，关于集思广益、博施众利、群策群力的思想，关于仁者爱人、以德立人的思想，关于以诚待人、讲信修睦的思想，关于清廉从政、勤勉奉公的思想，关于俭约自守、力戒奢华的思想，关于中和、泰和、求同存异、和而不同、和谐相处的思想，关于安不忘危、存不忘亡、治不忘乱、居安思危的思想，等等。

中华优秀传统文化中丰富的哲学思想、人文精神、教化思想、道德理念等，可以为人们认识和改造世界提供有益启迪，可以为治国理政提供有益启示，也可以为道德建设提供有益启发。所以，坚持创造性转化、创新性发展，必须使传统文化与时代对接、与未来对话，使古代中国人的智慧变成今天中国人的智慧，使中华优秀传统文化变成可以医治现代文明病的有效良方，在启迪人类未来发展中为世界文明进步作出新贡献。

## 三、把马克思主义思想精髓同中华优秀传统文化精华贯通起来、同人民群众日用而不觉的共同价值观念融通起来

习近平总书记指出："马克思主义传入中国后，科学社会主义的主张受到中国人民热烈欢迎，并最终扎根中国大地、开花结果，决不是偶然，而是同我国传承了几千年的优秀历史文化和广大人民日用而不觉的价值观念融通的。"① 实现中华优秀传统文化新发展，需要正确处理守正与创新的关系，既要坚守中华文化

---

① 习近平：《坚持和完善中国特色社会主义制度 推进国家治理体系和治理能力现代化》，《求是》2020年第1期。

立场，又要坚持创造性转化、创新性发展，把马克思主义思想精髓同中华优秀传统文化精华贯通起来、同人民群众日用而不觉的共同价值观念融通起来。具体来说，结合中华优秀传统文化中蕴含的宇宙观、天下观、社会观和道德观，把天人合一的宇宙观同人与自然和谐共生的价值观主张、天下为公的天下观同全人类解放的价值观主张、和而不同的社会观同真正的共同体价值观主张，以及人心和善的道德观同真正的人的道德价值观主张进行深度融通。

（一）把天人合一的宇宙观同人与自然和谐共生的价值观主张深度融通

习近平总书记指出："中华文明历来崇尚天人合一、道法自然，追求人与自然和谐共生。"[①] 中华优秀传统文化中蕴含的天人合一宇宙观集中体现着中华民族对整个宇宙以及人与宇宙万物关系的根本看法。早在《周易·序卦》中便有讲"有天地，然后有万物；有万物，然后有男女；有男女，然后有夫妇"，明确人是自然界发展的产物。张载明确提出"天人合一"的命题，并且指出"乾称父，坤称母；予兹藐焉，乃混

---

[①] 习近平：《共同构建人与自然生命共同体——在"领导人气候峰会"上的讲话》，《人民日报》2021年4月23日。

## 第五章 在守正创新中实现中华优秀传统文化新发展

然中处。故天地之塞,吾其体;天地之帅,吾其性。民,吾同胞;物,吾与也"(张载《西铭》),意在说明百姓是我的同胞,自然万物都是我的兄弟,倡导要爱人类,也要爱自然万物,肯定人类是天地的产物即自然的产物。作为自然发展的产物,人类的活动就要遵循自然规律。《周易·文言》提出:"夫大人者,与天地合其德,与日月合其明,与四时合其序,与鬼神合其吉凶,先天而天弗违,后天而奉天时,天且弗违,而况于人乎?"荀子曾明确说"天行有常,不为尧存,不为桀亡"(《荀子·天论》),旨在强调天的存在和运行不会因为人的意志而转移。人们在自然面前是渺小的,但不是完全被动的。荀子还说"从天而颂之,孰与制天命而用之"(《荀子·天论》),充分表现了对人自身主观能动性的肯定。在遵循自然规律和发展人的主观能动性的基础上,不断实现人与自然和谐相处,达到"范围天地之化而不过,曲成万物而不遗"(《易传·系辞》)的理想境界。具体来说,就是"不违农时,谷不可胜食也;数罟不入洿池,鱼鳖不可胜食也;斧斤以时入山林,材木不可胜用也"(《孟子·梁惠王上》)。

马克思主义一改西方传统上把人与自然看作是对立的、视自然界为人类征服的对象的错误认识,马克思直接指出:"人直接地是自然存在物。人作为自然存在物,而且作为有生命力的自然存在物,一方面具有自然力、生命力,是能动的自然存在物;这些力量作为天赋和才能、作为欲望存在于人身上;另一方面,人作为自然的、肉体的、感性的、对象性的存在物,同动植物一样,是受动的、受制约的和受限制的存在物。"① 同时,马克思主义也认为认识自然、改造自然必须尊重客观规律,同时又要发挥主观能动性。马克思曾说,"一个社会即使探索到了本身运动的自然规律……它还是既不能跳过也不能用法令取消自然的发展阶段"②,因为这种规律是"以铁的必然性发生作用"③ 的。但人类并不是完全被动地适应自然,可以"通过他所作出的改变来使自然界为自己的目的服务,来支配自然界"④。当然,恩格斯基于资本主义大生产造成的环境污染和生态破坏,发出了"我们不要过分陶醉于我们人类对自然界的胜利。对于每一次这样的胜利,自然界都对我们进行报复"⑤ 的警告,充分说明认识自然、改造自然不能以牺牲自然为代价,人与自然和谐共生才能实现可持续发展。

---

① 《马克思恩格斯文集》第一卷,人民出版社2009年版,第209页。
② 《马克思恩格斯文集》第五卷,人民出版社2009年版,第9—10页。
③ 《马克思恩格斯文集》第五卷,人民出版社2009年版,第8页。
④ 《马克思恩格斯文集》第九卷,人民出版社2009年版,第559页。
⑤ 《马克思恩格斯文集》第九卷,人民出版社2009年版,第559—560页。

人与自然的关系问题是人类要处理的最基本关系。在自然界中生活的人们，要取得衣食住行等生活资料，首先要与各种自然物打交道。中华优秀传统文化中天人合一的宇宙观，内含从万物相互联系出发而非孤立片面地看待世界的观点，强调整个世界的有机关联，任何人都不是孤零零的个体，人与自然、人与人、人与社会之间是共生共存的关系。这和马克思主义将人与自然作为一个对立统一体来看待，强调尊重自然界的客观规律，同时也要充分发挥人的主观能动性，是高度契合的。可以说，追求人与自然的和谐共生，是马克思主义思想精髓、中华优秀传统文化精华与人民群众日用而不觉的共同价值观念的契合所在。所以，在守正创新中实现中华优秀传统文化新发展，就要把天人合一的宇宙观同人与自然和谐共生的价值观主张深度融通。

## （二）把天下为公的天下观同全人类解放的价值观主张深度融通

习近平总书记在主持中央政治局第三十九次集体学习时指出："中华文明自古就以开放包容闻名于世，在同其他文明的交流互鉴中不断焕发新的生命力。"[①]

---

[①] 习近平：《把中国文明历史研究引向深入　增强历史自觉坚定文化自信》，《求是》2022年第14期。

协和万邦的理念一脉相承,集中体现着中国人特有的天下观。中华文明是在同其他文明不断交流互鉴中形成的开放体系。亲仁善邻、协和万邦是中华文明一贯的处世之道,天下一家、世界大同是中华民族源远流长的思想传统。《尚书·尧典》中讲:"克明俊德,以亲九族。九族既睦,平章百姓。百姓昭明,协和万邦。"这里所说的尧之"德",是要让家族和睦;家族和睦之后再协调百姓,也就是协调各个家族之间的关系,以实现社会和睦;社会和睦之后再协调各邦国的利益,让各邦国都能够和谐合作。包括《周易·乾卦》中"乾道变化,各正性命,保合大和,乃利贞。首出庶物,万国咸宁",以及孔子提出"四海之内皆兄弟"(《论语·颜渊》),无不映现着中国古人"协和万邦""万国咸宁""天下一家"的理想追求。《礼记·礼运》中说"大道之行也,天下为公。选贤与能,讲信修睦",生动展现了一个人人都能受到全社会的关爱,人人都能安居乐业,物尽其用、人尽其力的"大同"社会,表达了中国古人对于美好生活的向往。正是在中华民族自古就有的天下观的感召下,"以和为贵""与人为善""己所不欲,勿施于人"等理念在中国代代相传,深深植根于中国人的精神中,充分体现在中国人的行为上。就像习近平总书记深刻总结的那样:"古

## 第五章 在守正创新中实现中华优秀传统文化新发展

往今来,中华民族之所以在世界有地位、有影响,不是靠穷兵黩武,不是靠对外扩张,而是靠中华文化的强大感召力和吸引力。我们的先人早就认识到'远人不服,则修文德以来之'的道理。"①

马克思、恩格斯终其一生致力于对人类社会发展规律的探索,旨在构建一个消灭剥削和压迫、人类得到自由而全面的发展的理想社会。马克思、恩格斯在《共产党宣言》中明确指出:"代替那存在着阶级和阶级对立的资产阶级旧社会的,将是这样一个联合体,在那里,每个人的自由发展是一切人的自由发展的条件。"② 所以,马克思、恩格斯所描绘的未来社会是一个"以每一个个人的全面而自由的发展为基本原则的社会形式"③。在那里,生产力高度发达,劳动时间大为缩短,每个人都有时间来实现自由而全面的发展,社会关系又高度和谐,社会成员具有高度的幸福感。同时,马克思、恩格斯认为"共产主义——它的事业——只有作为'世界历史性的'的存在才有可能实现"④,"地域性的个人为世界历史性的、经验上普遍

---

① 习近平:《坚定文化自信,建设社会主义文化强国》,《求是》2019年第12期。
② 《马克思恩格斯文集》第二卷,人民出版社2009年版,第53页。
③ 《马克思恩格斯文集》第五卷,人民出版社2009年版,第683页。
④ 《马克思恩格斯文集》第一卷,人民出版社2009年版,第539页。

的个人所代替"①,将全人类共同解放作为共产主义的基本特征之一。完成这一伟大事业的是无产阶级,以往的阶级都是维护特殊阶级的利益,他们的革命"受到有局限性的生产工具和有局限性的交往的束缚"②,而无产阶级所要占有的生产力是属于社会全体个人的,是具有普遍性质的,是代表全人类共同利益的。

在世界文明发展的历史浪潮中,"以天下观天下",谋划全天下、全人类的生存和发展,始终闪耀着道义光芒和真理力量。中华优秀传统文化始终秉持着天下为公、协和万邦、万国咸宁的理想追求,显现着面朝世界、面向未来的胸怀与格局。习近平总书记指出:"马克思主义博大精深,归根到底就是一句话,为人类求解放。"③马克思主义是人类思想史上第一次以科学的形态阐释共产主义的学说,它不仅基于唯物史观论证了共产主义这一"大同"社会的历史必然性,还指明了实现共产主义的现实道路,通过无产阶级革命经过无产阶级专政的社会主义过渡到共产主义的"大同"社会。可以说,站在全人类的高度,打破国家和民族的界限,为人类谋进步、为世界谋大同,是马克思主

---

① 《马克思恩格斯文集》第一卷,人民出版社2009年版,第538页。
② 《马克思恩格斯文集》第一卷,人民出版社2009年版,第581页。
③ 习近平:《在纪念马克思诞辰200周年大会上的讲话》,人民出版社2018年版,第8页。

## 第五章 在守正创新中实现中华优秀传统文化新发展

义思想精髓、中华优秀传统文化精华与人民群众日用而不觉的共同价值观念的契合所在。所以，在守正创新中实现中华优秀传统文化新发展，就要把天下为公的天下观同全人类解放的价值观主张深度融通。

（三）把和而不同的社会观同真正的共同体价值观主张深度融通

中华文化崇尚和谐，中国"和"文化源远流长、内涵丰富。和而不同的社会观是中国"和"文化在社会领域的体现。我国古代思想家很早就提出了和同之辩的命题。西周末年的史伯提出"和实生物，同则不继"（《国语·郑语》）的思想，认为不同因素相互融合才能产生万物，如果简单把相同的东西叠加，不仅不能产生新的事物，还会使世界变得了无生机。孔子进一步提出"君子和而不同，小人同而不和"（《论语·子路》），将和而不同的主张引申到人伦关系中。"同"是绝对一致，没有差异和变动，代表的是单调、缺乏活力和生命力的指向；"和"则是相对的一致，是多中有一、一中有多，表征着对立的事物通过调节而达到平衡和谐的状态。和而不同的社会观是符合事物和社会关系发展规律的，蕴含着深刻的哲学和伦理智慧，因而成为中国人遵循的行为准则。这一社会观主张承认和尊重差异，在多样性中寻求统一，以达到"和"的目的。尊老爱幼、夫妻和睦、邻里团结，谅解宽容、与人为善，这是人与人之间的"和"；社会各阶层、各群体平等和谐，兼容而不冲突、协作而不对立、制衡而不掣肘、有序而不混乱，这是社会分工和社会内部的"和"。可以说，"和"就是矛盾的双方在一定条件下达到统一而出现的状态。在这种状态下，人与人、人与社会、人与自然之间以及社会内部诸要素之间实现均衡、稳定、有序，相互依存，共生共荣。

在马克思、恩格斯看来，人类生存的理想状态是共同体。但在资本主义社会，"真正的共同体"被"虚假的共同体"所取代。那么，什么是"真正的共同体"呢？就是人的现实生活本身，就是在实际生活中体现出来的人之为人的全部类本质和发展本质。[①] 在资本主义社会中，人们作为阶级的成员处于共同关系当中，形成了"虚幻的共同体"，人与人的和谐关系只有对统治阶级范围内的个人来说才是存在的，无产阶级却要在"替他人服务的、受他人支配的、处于他人的强迫和压制之下"[②] 进行活动。不同的是，在共产主义社会中，生产力得到极大发展，私有制被摧毁，旧式

---

[①] 《马克思恩格斯全集》第三卷，人民出版社 2002 年版，第 394 页。
[②] 《马克思恩格斯文集》第一卷，人民出版社 2009 年版，第 165 页。

## 第五章 在守正创新中实现中华优秀传统文化新发展

分工被改变,阶级对立不复存在,人们组成"真正的共同体"。在那里,"各个人都是作为个人参加的",革命的无产者"控制了自己的生存条件和社会全体成员的生存条件","个人的自由发展和运动的条件置于他们的控制之下"。①马克思、恩格斯在《德意志意识形态》中,用浪漫的手法描绘了共产主义社会的个性发展:"我有可能随自己的兴趣今天干这事,明天干那事,上午打猎,下午捕鱼,傍晚从事畜牧,晚饭后从事批判,这样就不会使我老是一个猎人、渔夫、牧人或批判者。"②

由一个个具体的人所组成的社会,是一个包罗万象的系统。社会的和谐稳定、长足发展是系统各要素多样性和差异性统一的结果。和而不同是中华民族一直以来追求的和谐境界。正是基于和而不同的追求,中华民族始终秉持着"和为贵"的理念,注重"讲信修睦""亲仁善邻",妥善处理地区与地区、民族与民族、国家与国家之间的冲突。这与马克思主义强调真正的共同体,主张在社会中实现"现实的人"的全面发展,进而实现社会高度和谐与公平正义,是高度契合的。可以说,实现社会和谐、建设美好社会,是马

---

① 《马克思恩格斯文集》第一卷,人民出版社2009年版,第573页。
② 《马克思恩格斯文集》第一卷,人民出版社2009年版,第537页。

克思主义思想精髓、中华优秀传统文化精华与人民群众日用而不觉的共同价值观念的契合所在。所以，在守正创新中实现中华优秀传统文化新发展，就要把和而不同的社会观同真正的共同体价值观主张深度融通。

（四）把人心和善的道德观同真正的人的道德价值观主张深度融通

中华民族在五千多年文明发展中创造的中华道德文明，是中华民族独特的伦理精神标志，是激励中国人民树立高度文化自信和文化自觉的精神力量。道德观是人们对人与自身、人与他人、人与社会、人与自然伦理关系的系统认识和根本看法，是依靠社会舆论和劝说力量，用善恶进行评价的行为准则、规范体系。《论语·颜渊》载："樊迟问仁，子曰：'爱人。'"孔子将"仁"视为最高的道德标准，并强调仁者爱人。孟子提出："亲亲而仁民，仁民而爱物。"（《孟子·尽心上》）在中国古人看来，所有人都属于同一个类，应该像爱自己的亲人一样去爱别人的亲人，立足于同理心的忠恕之道，"己所不欲，勿施于人"（《论语·颜渊》），"己欲立而立人，己欲达而达人"（《论语·雍也》），去推己及人、设身处地地爱所有人，仁爱一切人。此外，《尚书·尧典》中有"父义，母慈，兄友，

## 第五章 在守正创新中实现中华优秀传统文化新发展

弟恭，子孝",孟子提出"父子有亲，君臣有义，夫妇有别，长幼有序，朋友有信"(《孟子·滕文公上》)，董仲舒提出"仁、义、礼、智、信"，以及宋代思想家们提出"忠、孝、节、义"四大德目，等等。这些都说明，中华优秀传统文化不仅强调与人为善、泛爱众人，而且重视每个人在人伦关系中的责任和义务。中华优秀传统文化中蕴含的道德观为中华民族生生不息、不断发展壮大提供了重要精神力量。它形成于中国传统的伦理关系之中，其蕴含的讲仁爱、崇正义、尚和合等价值理念，所体现的以和为贵、与人为善、助人为乐等传统美德，已深深植根于中国人的精神中，体现在中国人的行为上。无论时代发展到哪一步，这些闪光的美德规范永远不会过时，是支撑中华民族屹立于世界民族之林的坚强精神柱石。

马克思主义认为，道德是"人们物质行动的直接产物"[①]。那么，在以私人资本为基础、由资本家阶级统治的资本主义社会，其私有制是建立在一些人对另一些人剥削基础上的最后且最完备的表现，相对应地，总是有着不道德的一面，它不仅"激起人们的最卑劣的冲动和情欲"，而且佐证了"鄙俗的贪欲是文明时代

---

① 《马克思恩格斯文集》第一卷，人民出版社2009年版，第524页。

从它存在的第一日起直至今日的起推动作用的灵魂"。① 为此，恩格斯强调："只有在不仅消灭了阶级对立，而且在实际生活中也忘却了这种对立的社会发展阶段上，超越阶级对立和超越对这种对立的回忆的、真正人的道德才成为可能。"② 为了获得真正的道德，就必须摆脱经验世界存在的枷锁，彻底消灭旧的生产关系，摧毁"贫困、劳动折磨、受奴役、无知、粗野和道德堕落的积累"③，斩断"赤裸裸的利害关系"④，通过现实运动否定阶级对立的社会利益关系，从而消除人与人的对立关系，实现真正的道德。所以，"真正人的道德"标志着异化的利益关系的消除，"每个人都有社会空间来展示他的重要的生命表现"⑤，个人利益与共同利益达到高度一致，每个人都可以"以合乎人性的方式去造就环境"⑥。

人与人之间的关系，直接关系到整个社会制度和社会秩序的巩固与稳定。以爱人、利人作为处理人与人之间关系的第一原则，强调与人为善、泛爱众人，重视每个人在人伦关系中的责任和义务，是中华优秀

---

① 《马克思恩格斯文集》第四卷，人民出版社2009年版，第196页。
② 《马克思恩格斯文集》第九卷，人民出版社2009年版，第100页。
③ 《马克思恩格斯文集》第五卷，人民出版社2009年版，第744页。
④ 《马克思恩格斯文集》第二卷，人民出版社2009年版，第34页。
⑤ 《马克思恩格斯文集》第一卷，人民出版社2009年版，第335页。
⑥ 《马克思恩格斯文集》第一卷，人民出版社2009年版，第335页。

传统文化的鲜明特点。这与马克思主义所主张的建立没有阶级剥削和阶级对立的、团结友爱的"自由人联合体",从根本上消除对立,达到真正的人心和善,实现真正的幸福,是高度契合的。可以说,消除阶级对立,追求人心和善,实现真正的幸福,是马克思主义思想精髓、中华优秀传统文化精华与人民群众日用而不觉的共同价值观念的契合所在。所以,在守正创新中实现中华优秀传统文化新发展,就要把人心和善的道德观同真正的人的道德价值观主张深度融通。

# 第六章　在守正创新中以中国式现代化全面推进中华民族伟大复兴

习近平总书记指出:"在新中国成立特别是改革开放以来长期探索和实践基础上,经过十八大以来在理论和实践上的创新突破,我们党成功推进和拓展了中国式现代化。"① 中国式现代化是中国共产党坚持守正创新、兼顾各国现代化共同特征和中国具体国情创造的现代化新道路。在向第二个百年奋斗目标进军的时代背景下明确守正创新的指导意义,不仅是坚持中国式现代化本质特征的政治自觉,也是对中国人民独立自主实现民族复兴的深层观照,更是对科学社会主义在21世纪中国新的飞跃与资本主义现代性危机新变化的深刻洞察。在守正创新中以中国式现代化全面推进中华民族伟大复兴,将不仅在实践层面凝聚全体人民团结奋斗的磅礴力量以承前启后、继往开来,更将在

---

① 习近平:《高举中国特色社会主义伟大旗帜　为全面建设社会主义现代化国家而团结奋斗——在中国共产党第二十次全国代表大会上的报告》,人民出版社2022年版,第22页。

## 第六章 在守正创新中以中国式现代化全面推进中华民族伟大复兴

理论与价值层面为广大发展中国家实现现代化提供经验与智慧。

### 一、坚持守正创新使党始终成为风雨来袭时全体人民最可靠的主心骨

百年风雨兼程,在中国共产党的坚强领导下,中国人民探索出中国式现代化道路,在全球化时代留下科学社会主义现实可行的伟大回响,在人类社会发展史上留下古老文明崛起复兴的伟大印记。中国式现代化越是向前推进,所触及的利益格局越是深刻,所面临的风险挑战越是复杂,越需要集聚起万众一心、共克时艰的磅礴力量。正因如此,创造中国式现代化建设新的历史伟业,必须坚持和加强党的全面领导,在守正创新中使党始终成为风雨来袭时全体人民最可靠的主心骨。

#### (一)坚持守正创新把党的全面领导贯穿中国式现代化建设始终

办好中国的事情,关键靠党,关键靠守正创新确保党始终具有旺盛生机和活力,始终成为中国特色社会主义事业的坚强领导核心。科学社会主义在

## 守正创新

中国之所以能够焕发出强大生机活力并不断开辟发展新境界，中国特色社会主义之所以能够开拓发展中国家走向现代化的新途径，关键原因在于中国共产党在守正创新中巩固执政地位，始终成为中国式现代化的坚强领导。

把党的全面领导贯穿中国式现代化建设始终要坚持守正创新。习近平总书记指出："全面建设社会主义现代化国家、全面推进中华民族伟大复兴，关键在党。"① 中国共产党与中国式现代化建设同向同行，既是中国式现代化征程的开启者、领导者，也在以中国式现代化推进中华民族伟大复兴的波澜进程中不断发展壮大。新民主主义革命时期，在同"左"倾、右倾错误的斗争中，坚守马克思列宁主义真理之正，创中国革命道路之新；社会主义革命和建设时期，独立自主守国家利益之正，创人民民主专政的社会制度之新；改革开放和社会主义现代化建设新时期，守实事求是思想路线之正，创解放思想之新。中国共产党领导下短短一百多年所创造的世所罕见的经济奇迹和社会发展奇迹，是中国共产党守正创新的生动体现，也是党

---

① 习近平：《高举中国特色社会主义伟大旗帜 为全面建设社会主义现代化国家而团结奋斗——在中国共产党第二十次全国代表大会上的报告》，人民出版社2022年版，第63页。

## 第六章　在守正创新中以中国式现代化全面推进中华民族伟大复兴

的领导能力的充分彰显。只有一以贯之坚持守正创新，才能使党始终走在时代前列，得到人民衷心拥护，成为中国式现代化的领导力量。

坚持守正，就是在中国式现代化建设中守好红色江山，坚决维护党的核心和党中央权威。没有权威，就不可能有任何的一致行动。坚决维护党的核心和党中央权威，既是党的领导的最高原则，也是任何政党政治建设的首要任务。列宁指出："党的中央机关成为拥有广泛的权力、得到党员普遍信任的权威性机构，只有这样，党才能履行自己的职责。"[1] 党政军民学，东西南北中，党是领导一切的，党中央发挥"举旗定向、掌舵领航"作用。习近平总书记用"众星捧月"和"棋局"的形象比喻来说明党的领导在中国国家建设中的极端重要性，明确指出："在国家治理体系的大棋局中，党中央是坐镇中军帐的'帅'，车马炮各展其长，一盘棋大局分明。"[2] 只有常抓不懈维护党中央权威和集中统一领导，保证全党向党中央看齐，全体人民接受党的领导，才能统一全党思想与意志，统筹全国战略与行动，才能凝聚全党

---

[1] 《列宁选集》第四卷，人民出版社 1995 年版，第 254 页。
[2] 中共中央文献研究室编：《习近平关于社会主义政治建设论述摘编》，中央文献出版社 2017 年版，第 31 页。

全国人民的智慧力量,朝着全面建设社会主义现代化国家奋勇前进。

坚持创新,就是开创党领导中国式现代化建设新局面,提升党总揽全局、协调各方的能力和定力。新时代新征程上,党内存在的各种矛盾和问题更加复杂,协调处理好利益冲突面临着严峻的挑战。因此,必须以更为坚定的信仰、更为严密的纪律、更为完善的制度为基础,把"两个维护"落到实处,确保全党全国步调一致向前进。要加强思想引领,自觉贯彻落实习近平新时代中国特色社会主义思想,维护习近平同志党中央的核心、全党的核心地位。要强化纪律意识,确保全党坚持原则、心存敬畏。习近平总书记指出:"讲规矩是对党员、干部党性的重要考验,是对党员、干部对党忠诚度的重要检验。"[1] 要勇于同一切损害党的核心和党中央权威的言行作斗争,在大是大非问题上立场坚定、旗帜鲜明。要完善党的领导制度体系,提升党的领导的全局性、根本性、长期性和稳定性。坚决落实党中央对重大工作的领导制度和领导体制,真正把"两个维护"落实到国家制度、党纪党规、党员行为规范、政府工作程序当中,使党的领导制度体

---

[1]《深入学习习近平总书记重要讲话和十八届中央纪委五次全会精神》,人民出版社 2015 年版,第 5 页。

## 第六章 在守正创新中以中国式现代化全面推进中华民族伟大复兴

系更加全面系统、成熟规范、科学有效。

（二）坚持守正创新使党更好应对中国式现代化道路上的风险挑战

习近平总书记指出："我们党在内忧外患中诞生，在磨难挫折中成长，在战胜风险挑战中壮大，始终有着强烈的忧患意识、风险意识。"① 居安思危、始终保持强烈的忧患意识，是中国共产党战胜困难、不断赢得胜利的优良传统和宝贵品质。在领导中国革命、建设和改革的伟大实践中，中国共产党坚持守正创新，注重对历史经验的总结与运用，以清醒头脑和战略定力应对各个领域的风险挑战，化危为机、赢得主动。坚持守正创新，在总结经验中提升本领，既是不同历史时期中国共产党准确识变、科学应变、主动求变的主体能动性的充分彰显，也是党在新时代新征程上继续披荆斩棘的重要支撑。

应对中国式现代化道路上的风险挑战要坚持守正创新。只有坚持守正创新，才能在复杂困难局面中总结规律、掌握方法。当今世界，百年未有之大变局加速演进，国内矛盾与国际矛盾交织，短期问题与长期

---

① 习近平：《论坚持党对一切工作的领导》，中央文献出版社2019年版，第256页。

问题累积，潜在危机与突发危机并存，中国式现代化前进道路上的诸类条件都在发生深刻而复杂的变化。习近平总书记指出："当前，我国发展面临着前所未有的风险挑战……既有传统的也有非传统的。"① 要更好应对中国式现代化建设中各种可以预见和难以预见的风险挑战，我们必须在守正创新上下足功夫，善于从党的历史中总结经验教训，在全球风云演变中厘清危机孕育发生的机理与逻辑，掌握顺应时代大潮的规律与方法。坚持守正创新才能在危机中育新机、于变局中开新局。越是伟大的事业，就越充满艰难险阻。中国共产党领导下的中国式现代化建设，规模巨大、挑战众多，所要面对的复杂形势前所未有，绝不是轻轻松松、敲锣打鼓就能实现的。以中国式现代化全面推进中华民族伟大复兴，不仅要坚守历史之正，善于汲取党应对重大风险挑战的成功经验，还要创时代之新，勇立潮头、主动应变。既要从历史中汲取党在危难时绝处逢生、在挫折中不断奋起的宝贵经验，也要提升应对新挑战的能力与本领，打好新时代应对重大风险挑战的长期战役。

坚持守正，就是守好党克敌制胜的法宝，善于从

---

① 习近平：《在党史学习教育动员大会上的讲话》，人民出版社2021年版，第17页。

## 第六章 在守正创新中以中国式现代化全面推进中华民族伟大复兴

党史中提炼化险为夷的成功经验。中国共产党在防范化解重大风险中形成的宝贵经验,是中国共产党人"忧劳可以兴国,逸豫可以亡身"的历史观、"图之于未萌,虑之于未有"的危机观、"踏平坎坷成大道,斗罢艰险又出发"的斗争观以及"心中有数,综合施策"的大局观在面对新境遇、处理新课题、应对新挑战时的具体运用。习近平总书记指出:"我们党一步步走过来,很重要的一条就是不断总结经验、提高本领,不断提高应对风险、迎接挑战、化险为夷的能力水平。"[①] 守成功经验之正,就是要从历史中揭示中国共产党人科学应对重大挑战、抵御重大风险、克服重大阻力、化解重大矛盾的理论智慧与实践方法。面向国内,要深入挖掘中国共产党的科学理论、崇高信仰、组织原则等在推动中国式现代化建设中的重要作用及运作逻辑。面向国际,要总结不同历史时期党应对世界权力格局、生产格局、治理格局以及经济格局重大变化中发挥的作用,阐明中国共产党在国际变局中探索出的执政经验。

坚持创新,就要善于用党的创新理论武装全党,不断提高党在现代化建设中应对风险挑战的能力水平。

---

① 习近平:《在党史学习教育动员大会上的讲话》,人民出版社 2021 年版,第 16—17 页。

"党的经验不是从天上掉下来的,也不是从书本上抄来的,而是我们党在历经艰辛、饱经风雨的长期摸索中积累下来的,饱含着成败和得失,凝结着鲜血和汗水,充满着智慧和勇毅。"① 这要求全党善于从新的纷繁复杂的实践探索中积累经验、总结规律,推动实践基础上的理论创新以增长才干。中国共产党抗击新冠疫情的治理实践彰显了中国共产党团结领导人民办大事、办难事、办急事的领导能力,是党的创新理论应用于危机应对的典型例证。中国共产党在抗疫实践中继承并发扬了马克思主义扎根"群众的世界"、回归"现实的个人生活"的人本逻辑。这一人本逻辑与中国共产党"以人民为中心"的执政理念深度关联,着眼于"普遍的人""现实的人"以及"实践的人",在抗击疫情的实践中具体地表现为"生命至上"的价值关怀。新征程上,坚持用党的创新理论武装全党,就是贯彻落实习近平新时代中国特色社会主义思想,带动全党强化机遇意识和风险意识。全党既要自觉承担起观察大势、研判大局的政治职责,更要提升认清问题发展趋势,把握危机孕育、转化、演变规律,提高风险监测预警与自主防控的能力素养。

---

① 习近平:《在党史学习教育动员大会上的讲话》,人民出版社 2021 年版,第 17 页。

## （三）坚持守正创新确保党在中国式现代化建设中拥有强大政治凝聚力

习近平总书记指出："中国共产党来自人民、植根人民，始终坚持一切为了人民、一切依靠人民，得到了最广大人民衷心拥护和坚定支持，这是中国共产党领导力和执政力的广大而深厚的基础。"① 强大的政治凝聚力不仅是中国共产党树立党中央权威、维护党的团结和集中统一领导的基础，更是党凝聚全党全国人民力量推进中国式现代化和中华民族伟大复兴的前提。新征程上，确保党拥有强大政治凝聚力必须坚持守正创新，既要牢记初心使命以守好党执政为民的政治本色，也要根据不同时代课题，创造性地改进群众工作的方式方法，更好地服务于中国式现代化建设。

确保党在中国式现代化建设中拥有强大政治凝聚力要坚持守正创新。对一个政党而言，坚持什么样的群众观，就会有什么样的政治立场与价值观。中国共产党自诞生之日起，就确立了马克思主义的人民立场与群众观点，并在守正创新中深刻揭示领导人民与服务人民的辩证统一关系。1944年，毛泽东同志在张思

---

① 习近平：《在全国抗击新冠肺炎疫情表彰大会上的讲话》，人民出版社2020年版，第17页。

德追悼会上明确提出了"为人民服务",并在之后《论联合政府》报告中将人民立场、群众观点、党的宗旨紧密联系在一起。在改革开放新时期,邓小平同志多次强调"领导就是服务"①。进入新时代,习近平总书记指出,"人民是我们党执政的最大底气"②,必须始终"与人民心心相印、与人民同甘共苦、与人民团结奋斗"③。以实现民族复兴和人民幸福为初心使命,矢志不渝推进社会主义现代化建设的中国共产党,在执政七十多年间以无比强大的领导力和执行力制定和落实了一项项"五年规划",使我国成功实现了从农业国到工业国的跃升,并逐步向社会主义现代化国家的新目标迈进。中国共产党科学处理党群关系的历史实践充分说明,守正创新是中国共产党夯实群众根基、获得生机活力的宝贵经验。

坚持守正,就是要守好马克思主义政党的政治本色,加强党的自身建设,确保党始终得到人民的支持与拥护。堡垒最容易从内部被攻破,要在中国式现代化建设中守好政治本色,巩固党的长期执政地位,必

---

① 《邓小平文选》第三卷,人民出版社1993年版,第121页。
② 习近平:《在"不忘初心、牢记使命"主题教育工作会议上的讲话》,人民出版社2019年版,第4页。
③ 习近平:《在"不忘初心、牢记使命"主题教育工作会议上的讲话》,人民出版社2019年版,第4页。

## 第六章 在守正创新中以中国式现代化全面推进中华民族伟大复兴

须时刻保持解决大党独有难题的清醒和坚定。习近平总书记强调:"丧失马克思主义政党的政治本色,背离党的宗旨而失去最广大人民支持和拥护。"① 中国共产党要推进党和国家的伟大事业,所面对的环境复杂程度、风险挑战难度,都是普通政党难以比拟的。加强党的自身建设,保持党的先进性和纯洁性,不断防范被瓦解、被腐化的危险至关重要。从思想建设看,要坚定党在社会主义初级阶段的思想路线,明确新发展阶段中国共产党的斗争任务,构建中国化马克思主义党建理论体系。从党内法规制度建设看,要将新党章作为现代化建设道路上全党必须共同遵守的根本行为规范。不忘初心、牢记使命,在坚定党的性质宗旨、目标任务的基础上,继承和发扬党理论联系实际、批评与自我批评以及紧密联系群众的优良作风。

坚持创新,就是要改进党群众工作的方式方法,增强党的群众组织力,以更好地服务于中国式现代化建设。群众工作的复杂性决定了联系群众的过程并非一气呵成,党的群众工作方法也不可能一成不变。在中国式现代化建设进程中,党的群众工作要坚持与时俱进、审时度势,在固本培元、循序渐进中不断完善。

---

① 习近平:《在党史学习教育动员大会上的讲话》,人民出版社 2021 年版,第 18 页。

要创新"从群众中来到群众中去"的工作方法，形成反映时代发展要求、回应时代发展任务、解决时代主要矛盾的群众工作策略。一是丰富群众动员的手段。积极采取精神动员、组织动员、榜样动员、政治动员等多样化的动员手段，发动人民群众的自治力量。二是积极推动新时代党的群众工作资源、力量和政策下沉。充分动员基层党组织和基层党员，发挥基层党组织的战斗堡垒作用以及基层党员的先锋模范作用，做好政策宣传、信息服务、医疗帮扶等基层日常性群众工作，推动基层党建工作的常态化。三是推动基层群众工作的科学化、精准化、规范化。将党的基层群众工作纳入规范化、法治化、稳定化的整体框架之中，抓紧补短板、堵漏洞、强弱项，更好发挥基层群众工作在整合社会资源、化解潜在矛盾、广泛凝聚共识中的功能，为中国式现代化构筑牢固的基层建设力量。

## 二、坚持守正创新把中国发展进步的命运牢牢掌握在自己手中

走自己的路，是党百年奋斗得出的历史结论。中国共产党坚持独立自主，坚持把国家和民族命运牢牢握在自己手中，探索并形成了符合中国国情的正确道

第六章　在守正创新中以中国式现代化全面推进中华民族伟大复兴

路。坚持守正创新推进中国式现代化建设，不仅在前进状态上要求中国的事情必须由中国人民自己作主、自己来处理，保持独立自主、自力更生的奋进姿态，更在前进方向上要求坚持道不变、志不改，摒弃封闭僵化、改旗易帜的错误路线，一以贯之坚持并走好自己选择的正确道路。

（一）坚持守正创新在现代化建设中走好中国特色社会主义道路

如何在融入世界现代化大潮的同时独立自主地走好自己的路，这不仅是世界上众多渴望独立发展、渴望现代化的国家的追问，更是中国人民的自我发问。中国人民在中国共产党的带领下自力更生、艰苦探索，守正创新、自信自强，发挥建设社会主义现代化国家的历史主动精神。坚持守正创新，不仅是在现代化建设中高扬中国特色的行动基点，也是全面建成社会主义现代化国家各领域各环节的实践原则。

在现代化建设中走好中国特色社会主义道路要坚持守正创新。走什么路，是事关党和国家事业发展的基础性课题。如何自信自强，坚定自己的道路选择？如何在正确道路上昂首阔步地走下去？回答好这些问题则需要坚守正道、推陈出新。中国特色社会主义道路是中国人民经过反复比较、艰难探索确立的，历史和实践证明了这是一条符合中国国情、促进中国发展的正确道路，也是一条能够促进中国富强、助力民族复兴的康庄大道、人间正道。习近平总书记强调："中国特色社会主义道路是符合中国实际、反映中国人民意愿、适应时代发展要求的，不仅走得对、走得通，而且走得稳、走得好。"① 方向决定道路，道路决定命运。要把中国发展的命运牢牢掌握在自己手中，就要坚持守正创新，保持志不改、道不变的坚定，践行求新求变、顺应时势的担当，既不走封闭僵化的老路，也不走改旗易帜的邪路。无论是建成现代化经济体系、实现高水平科技自立自强，还是广泛形成绿色生产生活方式、推动生态环境根本好转，抑或是全面加强国家安全体系和能力、基本实现国防和军队现代化，实现中国式现代化的各项战略目标任务，都要始终保持革新意识和强大定力，在守正创新中走好中国特色社会主义道路。

坚持守正，就是要坚守党在百年奋斗中开辟出的正确道路，一以贯之地坚持和发展中国特色社会主义。自中国共产党诞生以来，一代代中国共产党人接续探

---

① 《心往一处想劲往一处使推动中华民族伟大复兴号巨轮乘风破浪扬帆远航》，《人民日报》2022年10月18日。

索出推动中国人民由站起来、富起来到强起来的正确道路。中国共产党的百年奋斗历程充分证明了坚守正道、坚定正确方向的重要意义。伟大建党实践充分证明了，没有对历史主题的正确把握，没有正确回答中国革命的道路、动力和领导权等基本问题，就无法带领中国人民取得新民主主义革命的胜利，实现中国从封建专制政治向人民民主的伟大飞跃。党在社会主义革命和建设中取得的重大成就充分说明，没有对人民民主政权的确立与巩固，没有凝聚与整合中国共产党的执政基础，没有科学处理人民内部矛盾和政党关系，就不能带领中国人民完成社会主义革命，推进社会主义建设，实现从一穷二白、人口众多的东方大国大步迈进社会主义社会的伟大飞跃。改革开放的伟大历史转折也深刻说明，没有思想理论、战略制度以及发展环境的保障，就不能形成中国特色社会主义道路，实现中华民族从站起来到富起来的伟大飞跃。中国共产党与历史同步伐，在坚定正确道路上团结带领中国人民不懈奋斗，跨过了一道又一道沟坎，扭转了一次又一次危局，实现了一个又一个胜利。在推进中国式现代化建设中，走好中国特色社会主义道路必须一以贯之。

坚持创新，就是要开辟中国式现代化发展新道路。科学社会主义自创立以来，被众多国家融合于各自历史条件、时代特点及其革命建设实践之中。中国特色社会主义进入新时代，确立了科学社会主义发展的新坐标，为科学社会主义提供了新的动力源泉。以习近平同志为核心的党中央进一步深化了对共产党执政规律、社会主义建设规律以及人类社会发展规律的认识，不仅为中国特色社会主义发展开辟了新的广阔空间，而且指明了人类社会进步和世界社会主义发展的光明前景，为世界历史演进规律的把握提供了中国经验。习近平新时代中国特色社会主义思想作为马克思主义中国化时代化新的飞跃，从根本上明确了党的领导在中国式现代化建设中的重要地位，阐明了新时代中国特色社会主义从哪里来、往哪里去的重大课题，并通过构建人类命运共同体倡议的提出，进一步将对世界历史演进规律的把握纳入中国共产党的战略部署与总体谋划。新时代中国共产党把握中国与世界发展大势推进的新实践，既是党坚持守正创新的充分彰显，也为党继往开来、开辟中国式现代化发展新道路提供了重要支撑。

（二）坚持守正创新把现代化发展的主动权牢牢掌握在自己手中

习近平总书记指出："我们要把命运掌握在自己手

中，就要有志不改、道不变的坚定。"① 近代中国谋求民族独立和人民解放的发展道路，本质上就是中国共产党领导下中国人民由自发走向自觉、由被动走向主动的历史变革之路。把自己的事情做好，坚持把国家和民族发展放在自己力量的基点上，是党团结带领中国人民百年奋斗的重要经验，也是坚持守正创新在新征程上独立自主走好中国式现代化道路的基本遵循。

掌握现代化发展的主动权要坚持守正创新。在资本现代性充斥全球的背景下，套用西方模式建立的各类政党与民主政体，往往在运作过程中陷入领导力与执行力低下的困境。受制于各方利益纷争对政府计划执行的阻碍，许多关乎国家长远利益和全局利益的重大战略难以实施，改善人民生活的基本诉求也在国家现代化进程中举步维艰，这构成了当代世界绝大多数政党与国家发展的基本难题。这表明，在形式上简单复制他国的建设道路往往难以成功，其不仅容易在理论上陷入混乱与迷茫，更容易在实践上陷入被动、受制于人。与之相反，中国特色社会主义是党和人民坚持守正创新、历经千辛万苦而取得的自主性、原创性成就。它不是对马克思主义经典作家设想的简单套用，

---

① 习近平：《论坚持全面深化改革》，人民出版社2018年版，第516页。

也不是生搬照抄其他国家社会主义实践的产物，而是在坚持科学社会主义基本原则的基础上，结合中国具体国情，成功开辟出的中国式现代化道路。坚持守正创新，是党团结带领中国人民守正道、启新篇的重要经验，也是新征程上走好中国特色社会主义道路、实现中华民族伟大复兴的底气所在。

坚持守正，就是要守好现代化道路探索的主动权，保持中国式现代化建设的独立性。坚持独立自主走好自己的路，这是中国人民历尽千辛万苦、付出巨大代价取得的宝贵经验。近代中国民族羸弱、任人宰割，谋求解放和独立成为事关中国前途命运的根本问题。中国共产党的诞生推动中国人民在精神上由被动转向主动，终结了近代以来封建主义和帝国主义对中国人民的压迫与奴役，开辟了马克思主义指引中国人民精神与行动的历史。中国人民在中国共产党的带领下书写了中华民族发展史上不能忘却、不容否定的壮丽篇章。这启迪中国人民在全面建设社会主义现代化国家新征程上，继续保持积极主动的前进姿态。守好现代化道路探索的主动权，既要在思想上坚持马克思主义的指导地位，将马克思主义的精髓要义转化为自觉运用的科学思维、自觉掌握的思想资源，也要在行动上不懈奋斗、主动作为，以更为坚定的底气和自信走好

## 第六章 在守正创新中以中国式现代化全面推进中华民族伟大复兴

中国式现代化道路。

坚持创新,就是要面向世界讲好中国式现代化道路的崭新特质,展现中国式现代化的优越性。中国共产党的成就和贡献,不仅是历史性的,也是世界性的。中国式现代化道路,既遵循现代化道路的普遍规律,又立足中国具体实际,具有鲜明的中国特色,这就要向世界讲好中国式现代化道路的崭新特质和显著优势。一是要展现中国式现代化道路的统合性。所谓统合,具体指向现代化建设中领导力量、资源配置、政策设计、战略安排、精神意志等各领域的统筹整合。统合性优势的形成有赖于现代化建设中始终坚持党的集中统一领导,坚持全国一盘棋、集中力量办大事,坚持共同的理想信念、价值理念及道德观念。二是要展现中国式现代化道路的人民性。人民性是深嵌于中国特色社会主义制度的重要属性。坚持人民当家作主,坚持以人民为中心的发展思想,确保了现代化建设坚持"人民至上"而非"资本至上"的价值取向。三是要展现中国式现代化道路的高效性。在制度规范方面,表现为始终坚持全面依法治国,将国家治理纳入法治轨道。在制度发展方面,表现为坚持改革创新、与时俱进,不断调整制度安排以适应新情况、新挑战。在制度执行方面,表现为坚持选贤任能,并注重德才兼备,为科学高效的制度执行提供人才保障。这三个层面的制度优势共同开辟出协同有序、高效发展的中国式现代化道路,为全面建设社会主义现代化国家提供了制度保障。

(三)坚持守正创新在现代化建设中走更高水平的自力更生之路

习近平总书记指出:"独立自主是我们党从中国实际出发、依靠党和人民力量进行革命、建设、改革的必然结论。"[1] 中国共产党带领人民开辟了具有开创性意义的中国式现代化道路。中华民族近代以来所取得的历史性成就,也深刻证明了党带领人民走自己的路的坚定意志与强大能力。坚持守正创新,不仅要坚定对现代化建设既有成就的历史自信,更要将自主创新精神一以贯之,开辟更高水平的现代化发展道路,助力中华民族伟大复兴。

在现代化建设中走更高水平的自力更生之路要坚持守正创新。中国共产党领导的现代化建设是一个连贯的、完整的过程。党带领人民在不同历史时期为实现中华民族伟大复兴进行了艰苦卓绝、卓有成效的探

---

[1] 习近平:《在纪念毛泽东同志诞辰120周年座谈会上的讲话》,人民出版社2013年版,第20页。

索，创造了世所罕见的经济快速发展奇迹和社会长期稳定奇迹。这些历史性成就为拓宽中国式现代化道路创造了稳定的社会条件，提供了坚实的制度保障。习近平总书记指出："我们回顾历史，不是为了从成功中寻求慰藉，更不是为了躺在功劳簿上、为回避今天面临的困难和问题寻找借口，而是为了总结历史经验、把握历史规律，增强开拓前进的勇气和力量。"[1] 建设中国式现代化道路不是一劳永逸的，不能沉湎于已有的成就，而要在服务中华民族伟大复兴事业中不断推向前进。只有坚持守正创新，辩证认识和把握中国式现代化建设所取得的成果，以科学的态度审视和破解中国式现代化建设中可能遇到的各类问题，提升走好自力更生之路的能力和水平，中国式现代化道路才能越走越宽广。

坚持守正，就是要坚定对现代化建设成就的历史自信，增强走自己的路的底气。历史自信不是凭空产生的，而是形成于近代以来党和人民自力更生的历史实践、熔铸于实现中华民族伟大复兴的不懈奋斗之中。近代以来，党团结带领广大人民独立自主开启了社会主义现代化道路的探索实践。独立自主原则的确立，

---

[1] 《习近平谈治国理政》第二卷，外文出版社2017年版，第32页。

不仅在思想层面为中国共产党由幼稚走向成熟奠定了基础,也在实践层面标志着党和人民对中国发展道路自主权的掌握。正如习近平总书记所言:"当今世界,要说哪个政党、哪个国家、哪个民族能够自信的话,那中国共产党、中华人民共和国、中华民族是最有理由自信的。"① 新时代新征程,自信自强、守正创新,踔厉奋发、勇毅前行是为全面建设社会主义现代化国家、全面推进中华民族伟大复兴而团结奋斗的精神姿态。在中国式现代化建设中坚定历史自信,不仅要完整、全面、准确地把握党和国家事业取得的历史性成就、历史性变革,更要对中华民族伟大复兴的光明前景充满信心。

坚持创新,就要在发展中走更高水平的自力更生之路。作为一个系统的理论体系,新发展理念规定了新发展阶段走好自力更生之路必须坚持的方式与路径。在全面建成小康社会、实现第一个百年奋斗目标后,如何看待全新的发展环境、发展主题与发展任务?如何在新的发展阶段提升中国式现代化建设的能力与水平?对于这些重大理论和实践问题的回答,都必须以新发展理念为蓝本。一方面要从理论维度整体把握新

---

① 习近平:《在庆祝中国共产党成立95周年大会上的讲话》,人民出版社2016年版,第12页。

发展理念的本质规定。明确新的历史条件下推进中国式现代化建设所必须坚持的政治立场和价值导向，选择符合中国实际、顺应世界潮流的发展模式和发展道路。另一方面要在实践层面以现代化建设为主题构建新发展格局。既要牢牢扭住建设经济新发展格局这一关键点不动摇，加速变革我国旧有的社会制度、发展模式与产业布局，持续优化经济结构，也要积极调整供给图景，大力支持新科技、新业态的发展，推进现代化建设提质增效。

## 三、坚持守正创新让现代化建设成果更多更公平惠及全体人民

让现代化建设成果更多更公平惠及全体人民是以人民为中心的发展思想的充分彰显，也是中国式现代化建设的根本旨归。在守正创新中推动现代化建设成果更多更公平惠及全体人民，归根结底是要守好人民至上的价值立场，以创新精神解决发展不平衡不充分的问题。这既要求将各领域现代化建设成果转化为满足人民日益增长的美好生活需要，也要致力于推动人的全面发展与社会全面进步相统一，最终实现全体人民共同富裕。

## （一）坚持守正创新把实现人民对美好生活的向往作为现代化建设的出发点和落脚点

党的二十大报告对中国式现代化作了系统性阐述，报告围绕新时代新征程中国共产党的使命任务强调："我们坚持把实现人民对美好生活的向往作为现代化建设的出发点和落脚点，着力维护和促进社会公平正义，着力促进全体人民共同富裕，坚决防止两极分化。"[①]美好生活是中国社会主要矛盾历史性转化基础上产生的时代命题，对美好生活的向往既是中国人民个体内在需要在社会生活领域的直观呈现，也反映着中国人民对中国式现代化发展前景的期待。

在现代化建设中满足人民对美好生活的向往要坚持守正创新。"永远把人民对美好生活的向往作为奋斗目标"[②]，这是中国共产党"以人民为中心"价值立场的当代呈现。中国共产党以满足人民对美好生活的向往为奋斗目标的人民立场是一脉相承的，这决定了党团结带领人民群众实现美好生活必须坚持守正创新。

---

[①] 习近平：《高举中国特色社会主义伟大旗帜　为全面建设社会主义现代化国家而团结奋斗——在中国共产党第二十次全国代表大会上的报告》，人民出版社2022年版，第22页。

[②] 中共中央宣传部编：《习近平新时代中国特色社会主义思想学习纲要》，学习出版社、人民出版社2019年版，第40页。

## 第六章　在守正创新中以中国式现代化全面推进中华民族伟大复兴

党既要守好人民立场,将美好生活作为现代化建设的出发点,也要统筹好人民对美好生活的向往同共产主义远大理想,将美好生活作为党领导推进中国式现代化的落脚点;既要团结带领广大人民,克服主客观条件限制,"坚持一切为了人民、一切依靠人民,为人民过上更加美好生活而矢志奋斗"[1],又要将共产主义远大目标同人民对美好生活的向往统一起来,为中国人民指明共产主义远大理想与美好生活向往的共同价值基础。

坚持守正,就是要坚守人民群众的历史主体地位,充分调动人民群众参与中国式现代化建设的积极性。新时代实现美好生活是中国人民生活样式向高阶演进的客观呈现。人民作为创造美好生活的历史主体,也必然在美好生活的丰富实践中发挥决定性作用。只有坚守人民群众在美好生活实践中的主体与中心地位,将自发深耕于美好生活图景的中国人民广泛调动起来,美好生活实践才能从自发走向自觉。一方面,要坚持党的领导,凝聚人民力量,以提升美好生活建设的组织性和创造性;另一方面,要推动人民群众将对美好生活的向往升华为对世界各国人民美好生活向往的自

---

[1] 习近平:《在纪念红军长征胜利80周年大会上的讲话》,人民出版社2016年版,第14页。

觉观照。中国人民实现美好生活的自觉行动，也将转化为中华民族融入世界文明的历史主动，以社会文明发展交往的新范式超越西方文明中心主义，为世界各国人民实现美好生活作出新贡献。

坚持创新，就是要在现代化建设中准确把握人民群众需求的新变化，不断满足人民群众对美好生活的需要。中国人民对美好生活的向往是中国社会发展阶段性变革的产物，人民群众对美好生活的向往建立在生存性需要普遍满足的历史成就之上，彰显了人民群众日益增长的社会性需要、心理性需要、发展性需要等多元需要。在创新中推进中国式现代化建设，就要深刻把握人民群众对于物质生活的丰裕、政治权利的实现、精神世界的充盈、社会秩序的稳定、自然环境的改善等多样化多层次需要。要更好满足中国人民个体需要向更高品质、更高阶段跃升的美好生活向往，将人民群众多元化、高质量的生活诉求落实于中国式现代化建设实践，在人民生活领域彰显现代化建设的美好社会图景。

（二）坚持守正创新在现代化建设中促进人的全面发展和社会全面进步相统一

民惟邦本，本固邦宁。人的发展水平和社会进步程度是衡量现代化建设的重要指标。习近平总书记强调:"国家建设是全体人民共同的事业,国家发展过程也是全体人民共享成果的过程。"① 坚持守正创新促进全体人民共享现代化建设成果的过程,既是实现、维护和发展广大人民根本利益的过程,也是不断促进社会公平正义的过程。

在现代化建设中统筹人的全面发展和社会全面进步要坚持守正创新。人的发展与社会进步统一于人类文明的历史进程,个人与社会的关系也构成了现代化建设的基本问题。在马克思主义看来,现实社会中人的全面发展是社会关系全面丰富和个人能力全面提升的统一。全面发展的人既是思想觉悟、文化素养和身体素质全面提升的自由个体,也是人际和谐、社会关系丰富、社会交往普遍的社会有机体成员。在现代化建设中坚持守正创新,就是要守人的发展与社会进步辩证统一的关系之正,创以共建、共治、共享推动社会全面进步的社会治理格局之新。既要将推动社会全面进步作为人的全面发展的前提条件,又要超越人的依赖性和物的依赖性的社会关系,以公共参与推动共享发展,提升人民综合素质和生活品质。在个人与社会的有机互动中,不

---

① 习近平:《在庆祝"五一"国际劳动节暨表彰全国劳动模范和先进工作者大会上的讲话》,人民出版社 2015 年版,第 7 页。

断提升人民的获得感、幸福感和安全感，不断实现人民对民主、法治、公平、正义的追求和向往。

坚持守正，就是要坚持和完善民生保障制度，不断促进社会公平正义。社会进步不是社会文明发展的终结，而是人的全面发展的开始，正如马克思所指出的："个人的全面发展，只有到了外部世界对个人才能的实际发展所起的推动作用为个人本身所驾驭的时候，才不再是理想、职责等等，这也正是共产主义者所向往的。"① 在现代化建设中坚守人的全面发展与社会全面进步的辩证统一关系，就要将人的全面发展作为推动社会全面进步的根本目的，推动社会文明建设成果服务于人的思想道德素质、科学文化素质和身心健康素质的明显提高。要坚持在高质量就业促进机制、服务全民终身学习的教育体系、社会保障体系、卫生健康体系的统筹推进下，构建"幼有所育、学有所教、劳有所得、病有所医、老有所养、住有所居、弱有所扶"② 的社会治理格局，不断拓展丰富和谐、安定有序的社会关系，巩固人的全面发展的社会基石。

坚持创新，就是要以共建、共治、共享推动社会

---

① 《马克思恩格斯全集》第三卷，人民出版社1960年版，第330页。
② 习近平：《决胜全面建成小康社会 夺取新时代中国特色社会主义伟大胜利——在中国共产党第十九次全国代表大会上的报告》，人民出版社2017年版，第23页。

全面进步,激发社会主体力量参与中国式现代化建设的积极性。"社会治理是国家治理的重要方面。"① 在现代社会治理体系中,政府、社会和公众力量相互协调,共同参与社会事业、社会福利、公共事务的建设与完善。中国式现代化是多主体参与社会治理的现代化,政府治理、社会调解和居民自治的良性互动奠定了中国式现代化的共治基础。在社会文明共建共治的具体推进中,政府以领导者身份确定社会建设的具体领域,制定社会建设的合作原则,构建多主体有序参与的体制机制,划定不同主体的建设任务。社会组织作为社会文明建设的重要力量,在稳定社会秩序、引领社会公益、组织社会成员等领域发挥作用,为社会文明的现代化发展提供组织保障。中国式现代化在人人参与、人人尽力的共建共治中创造,也必然在现代化建设成果从低级向高级、从不均衡到均衡的渐进共享中巩固和拓展。

(三)坚持守正创新以中国式现代化推进全体人民共同富裕

治国之道,富民为始。共同富裕是社会主义的本

---

① 《中共中央关于坚持和完善中国特色社会主义制度 推进国家治理体系和治理能力现代化若干重大问题的决定》,人民出版社2019年版,第28页。

质要求，也是实现中国式现代化的应有之义。习近平总书记指出："中国式现代化是全体人民共同富裕的现代化。"① 全体人民共同富裕的最终实现，将深刻表明社会主义现代化建设达到一个新的历史高度，也将更加充分地展现出中国式现代化道路的人民立场与社会主义本质。

以中国式现代化推进全体人民共同富裕要坚持守正创新。实现全体人民共同富裕是历史的、实践的，必须坚持守正创新，将其置于特定历史阶段加以审视与推进。一方面，推进全体人民共同富裕要坚守中国式现代化的社会主义本质要求，充分认识贫穷不是社会主义，两极分化、贫富不均也不是社会主义。要坚持以人民为中心的发展思想，以所有人共富取代少数人独富。另一方面，要以发展的眼光看待共同富裕的实现过程，以改革创新的自觉行动推进共同富裕。不仅要在思想上明确共同富裕不同于"平均主义"与"福利主义"，充分认识到全体人民要通过辛勤劳动和共同奋斗才能摆脱绝对贫困、消除两极分化，而且要在行动上积极作为，敢于打破传统体制束缚，在社会

---

① 习近平：《高举中国特色社会主义伟大旗帜　为全面建设社会主义现代化国家而团结奋斗——在中国共产党第二十次全国代表大会上的报告》，人民出版社2022年版，第22页。

### 第六章　在守正创新中以中国式现代化全面推进中华民族伟大复兴

生产力的解放和发展中推动全体人民共同富裕取得更为明显的实质性进展。

坚持守正，就是要坚守社会主义的本质要求，推动中国式现代化建设朝着共同富裕的方向稳步前进。中国式现代化是现代化的中国形态，也是社会主义现代化的当代形态，必然要体现社会主义本质的要求。西方现代化是资本主导的、少数人独富的、物的现代化。西方现代化越是发展，其社会矛盾和阶级对立就越严重。中国式现代化以全体人民共同富裕为重要特征，是以人民为中心的、所有人共富的、兼顾人的发展和物的发展的现代化，与西方现代化形成鲜明对照。"社会主义的本质，是解放生产力，发展生产力，消灭剥削，消除两极分化，最终达到共同富裕。"[①] 全体人民共同富裕作为总体性要求，决定了中国式现代化建设必须要坚守社会主义发展方向，反映社会主义生产力与生产关系的关系和特点，体现社会主义社会在物质和精神文明上的本质规定。

坚持创新，就是要在中国式现代化建设中推动全体人民共同富裕取得实质性进展。全面建成小康社会的历史性成就，为向全体人民共同富裕目标迈出了关

---

① 《邓小平文选》第三卷，人民出版社1993年版，第373页。

键一步，是中国式现代化发展历程上的一个重要里程碑。习近平总书记强调："以前我们要解决'有没有'的问题，现在则要解决'好不好'的问题。我们要着力提升发展质量和效益，更好满足人民多方面日益增长的需要，更好促进人的全面发展、全体人民共同富裕。"① 开启全面建设社会主义现代化国家新征程，要将全体人民共同富裕的目标摆在治国理政更加突出的位置。全体人民共同富裕的最终实现，也将深刻表明中国特色社会主义发展达到新的历史高度，将更充分地展现出中国特色社会主义制度的优越性。

## 四、坚持守正创新不断增强中国式现代化建设的动力和活力

改革开放是中国共产党在探索社会主义现代化建设道路中实施的关键一招。改革开放的顺利推进激发了中国人民的创造热情，增强了中国社会的发展活力，极大解放了中国的社会生产力，开辟了中国特色社会主义道路。要在守正创新中推进改革开放，科学处理改革和发展的辩证关系，不断彰显中国特色社会主义

---

① 《习近平谈治国理政》第三卷，外文出版社2020年版，第133页。

## 第六章　在守正创新中以中国式现代化全面推进中华民族伟大复兴

制度优势，增强中国式现代化建设的动力和活力。

### （一）坚持守正创新在现代化建设中推动改革和发展深度融合、高效联动

正确处理改革和发展的辩证关系是改革开放稳步推进的前提。习近平总书记指出："改革开放是前无古人的崭新事业，必须坚持正确的方法论，在不断实践探索中推进。"[①] 只有坚持守正创新，才能保持战略定力，科学把握改革和发展间相互促进、相互依存、相互制约的内在关系，在现代化建设中推动改革和发展深度融合、高效联动。

在现代化建设中处理好改革和发展的关系要坚持守正创新。坚守基本方向和原则，避免在根本问题上出现颠覆性错误，这是中国改革开放顺利推进的重要原因。改革和发展是事关党和国家事业稳定与否的关键因素。习近平总书记指出："我们要本着对历史负责、对人民负责的态度，准确把握改革发展稳定的平衡点。"[②] 中国共产党在改革开放决策作出前后，解决了理论和实践层面事关改革和发展的方向、原则、路径等基本问题，保持了推进改革开放的清醒头脑和战

---

[①] 《习近平谈治国理政》第一卷，外文出版社2018年版，第67页。
[②] 习近平：《更好认识和遵循经济发展规律　推动我国经济持续健康发展》，《人民日报》2014年7月9日。

略定力,明确了实践在真理标准问题上的唯一性,奠定了改革开放的思想基石。姓"资"姓"社"问题的澄清、社会主义市场经济体制的构建以及和平发展主题的确定,分别为改革开放的纵深推进提供了理论、制度和环境保障,"将改革开放进行到底"的呼吁则从战略高度为改革开放的推进提供动力。坚持守正创新推进改革开放,要时刻反思与调整改革和发展的动态关系。既要在涉及改革和发展路线、方向等原则性问题上保持战略定力,防止改革开放一波三折,又要随着历史条件的变化全面深化改革,提升改革开放的系统性,防止问题积重难返。

坚持守正,就要保持改革开放的战略定力,深入推进改革创新,坚定不移扩大开放。关于全面深化改革,习近平总书记指出:"问题的实质是改什么、不改什么,有些不能改的,再过多长时间也是不改。……不实行改革开放死路一条,搞否定社会主义方向的'改革开放'也是死路一条。"[①] 在现代化建设中深化改革开放必须坚定正确的方向、立场、原则。一方面,要牢牢把握党对改革开放的领导权。要加强党对改革开放的顶层设计和统筹协调,充分整合各方利益、协

---

[①] 中共中央文献研究室编:《习近平关于全面深化改革论述摘编》,中央文献出版社2014年版,第15页。

调各种关系,提升改革开放的系统性、有序性、协调性和渐进性,避免政策相互矛盾、工作顾此失彼、激化社会矛盾。另一方面,要坚持和发展中国特色社会主义这一改革开放的全部理论和实践主题。习近平总书记指出:"中国特色社会主义在改革开放中产生,也必将在改革开放中发展壮大。"① 在改革开放中坚定中国特色社会主义方向,既要防止开历史的倒车,将改革步调退回计划经济时代或回归传统、儒化中国,也要防止盲目照搬西方模式,进行彻底的私有化。要坚持咬定青山不放松、一张蓝图绘到底的精神,坚定改革开放的毅力和决心,在改革开放的有序推进中促进中国式现代化。

坚持创新,就要在坚持解放思想、实事求是和守正创新的统一中推进改革和发展深度融合、高效联动。解放思想、实事求是、守正创新一脉相承,为改革开放的实施与深化提供了思想前提。中国共产党的历史是在坚持理论联系实际、不断实现思想解放的过程中展开的,只有以实事求是和思想解放为前提进行的创新创造,才能激发中国共产党人对改革和发展的自觉把握,形成推进改革开放的正确策略。一方面,要在坚持解放思想的

---

① 中共中央文献研究室编:《习近平关于全面深化改革论述摘编》,中央文献出版社 2014 年版,第 1 页。

基础上守正创新。解放思想破除了中国共产党人对马克思列宁主义的教条化认识,为推动改革开放、确立社会主义市场经济体制奠定了坚实基础。在新时代改革开放的纵深推进中坚持解放思想,要冲破思想观念束缚,突破利益固化藩篱,坚决破除各方面体制机制弊端,不断激发党内国内创新创造的强大动能。另一方面,要在坚持实事求是的基础上守正创新。要在新的历史条件下坚持实事求是,坚持将实践的观点作为党和国家战略决策的行动原则。从实际出发制定改革开放的政策与战略,把握新时代特征、洞察新时代潮流、探寻新时代民众诉求,为全面深化改革开放提供思想指引。

(二)坚持守正创新使中国特色社会主义制度在现代化建设中更加成熟更加定型

制度建设是国家现代化所面临的基本问题,也是保障现代化建设有序推进的内生动力。中国特色社会主义制度是适应于我国社会主义现代化建设要求的制度体系,为坚持和发展中国特色社会主义提供根本制度保障。党的十九届四中全会通过的决定将"在各方面制度更加成熟更加定型上取得明显成效"[1]作为新时

---

[1] 《中共中央关于坚持和完善中国特色社会主义制度 推进国家治理体系和治理能力现代化若干重大问题的决定》,人民出版社2019年版,第5页。

### 第六章 在守正创新中以中国式现代化全面推进中华民族伟大复兴

代坚持和完善中国特色社会主义制度的战略任务,这既规定了我国现代化建设进程中制度发展变革的目标,也指明了在守正创新中提升中国式现代化建设动力与活力的方向。

在现代化建设中促进中国特色社会主义制度的稳定与成熟要坚持守正创新。制度的稳定与成熟纵贯历史与未来,关涉根本与前沿。守正创新作为现代化建设中促进中国特色社会主义制度的稳定与成熟的基本要求,是适应于新的历史条件下全面深化改革任务的战略选择。习近平总书记在党的十九大报告中指出:"我们党深刻认识到,实现中华民族伟大复兴,必须建立符合我国实际的先进社会制度。"[1] 坚持守正创新完善中国特色社会主义制度,既要立足中国具体实际,保持制度的延续性和稳定性,又要准确把握现代化建设中关涉全面深化改革所急需变动的制度内容。此外,坚持守正创新促进制度的稳定和成熟,必须将守正创新转化为中国特色社会主义制度建设的基本要求。

坚持守正,就是要保障中国特色社会主义制度体系的系统完备、科学规范、运行有效。制度建设是牵

---

[1] 习近平:《决胜全面建成小康社会 夺取新时代中国特色社会主义伟大胜利——在中国共产党第十九次全国代表大会上的报告》,人民出版社 2017 年版,第 14 页。

一发而动全身的系统工程，制度发展变革的最终目的是发挥制度对社会主义现代化建设的引领、规范和保障作用。坚持守正，就必须以科学的态度不失时机地推进改革，保障中国特色社会主义制度体系的系统完备、科学规范、运行有效。一是要在制度改革中坚持系统性。要坚持集中力量办大事的原则，防止各类制度出现相互矛盾、各自为政的现象。例如在政治制度建设中要始终坚持党的领导、人民当家作主和依法治国的有机统一，为各领域制度运行提供根本的政治领导力量、广泛真实的民主基础和严密完整的法治保障，构建生动活泼、安定团结的政治局面。二是要在制度改革中坚持科学性。要在制度设计中坚持整体规划，科学配置各项制度的适用范围。既要完善各项制度的配套细则，又要加强对制度实施效果的审核与检查。三是要在制度改革中坚持规范性。要构建严密的法治监督体系，用制度规范权力行使，通过法治监督提升公共权力权威性和公信力，推动中国式现代化朝着规范化与现代化方向发展。

坚持创新，就是要积极稳妥推进各方面体制机制改革，推动中国特色社会主义制度更加成熟更加定型。中国特色社会主义制度是根本制度、基本制度和各领域重要制度协同推进、相互配合的有机整体。以制度的力量作用于中国式现代化发展进程，必须要积极稳妥推进各方面体制机制改革。在经济领域，要推动以公有制为主体、多种所有制经济共同发展的制度安排的稳定运行。毫不动摇巩固和发展公有制经济，毫不动摇鼓励、支持、引导非公有制经济发展，推动国家所有、集体所有和个人所有等所有制形式公平竞争、相互增益。在政治领域，要坚持走中国特色社会主义政治发展道路，坚持党的领导、人民当家作主和依法治国的有机统一。通过一系列相互衔接的政治制度安排，为社会主义政治文明提供更加坚实的制度保障，从而更好地体现人民意志、保障人民权益、激发人民创造。在文化领域，要坚持马克思主义在意识形态领域指导地位的根本制度，将马克思主义科学的世界观和方法论转化为中国特色社会主义文化发展繁荣的理论指南。在社会领域，要建设共建、共治、共享的社会治理制度，建设党委、政府、社会、公众等多重主体力量彼此支持、协同配合的社会治理共同体。在生态领域，要建立起系统完备的生态文明制度体系，对生态环境保护、自然资源使用、生态补偿等问题作出一系列明确的制度规定，为发展社会主义生态文明提供原则遵循与刚性约束。

## （三）坚持守正创新把我国制度优势更好转化为国家治理效能服务中国式现代化

国家治理体系是党和人民在长期实践探索中形成的科学治理系统，包括党和国家各领域的法律法规、体制机制、制度设计等。这一治理系统以中国特色社会主义制度为依托，系统的运作与执行也随中国特色社会主义制度而展开。将制度优势更好转化为国家治理效能，不仅是中国特色社会主义制度及其执行能力的集中体现，也是提升中国式现代化治理水平的基础和前提。

在现代化建设中推动我国制度优势向国家治理效能的转化要坚持守正创新。国家治理是系统庞杂的整体性工程，提升国家治理水平要以国家制度架构为"四梁八柱"，在守正创新中把握国家制度和国家治理体系的辩证统一关系。一方面，要把握好两者相辅相成、互为条件的内在统一关系。习近平总书记强调，治理能力和国家制度"两者相辅相成，单靠哪一个治理国家都不行。治理国家，制度是起根本性、全局性、长远性作用的。然而，没有有效的治理能力，再好的制度也难以发挥作用"[1]。国家制度体系和治理体系在服务国家治理中相互

---

[1] 中共中央文献研究室编：《习近平关于全面深化改革论述摘编》，中央文献出版社2014年版，第27—28页。

促进，科学规范的制度体系是国家治理体系建构的前提，也从根本上决定了国家治理能力的发展水平。而国家治理能力的提升也会反作用于治理体系和制度体系的调整更新，发展和完善国家制度和治理体系本就是国家治理能力的集中彰显。另一方面，要厘清两者的区别，明确国家治理体系和治理能力的差异。科学规范的制度体系是国家治理能力的客观前提，但国家治理能力并不会仅仅因客观条件的满足而提升，还需要治理主体严谨有效的制度执行、规范有序的治理实践。

坚持守正，就要坚持从国情出发、从实际出发完善和发展我国国家制度和治理体系。中国特色社会主义制度体系的形成发展是一个历史过程，有着长期的历史传承。国家治理体系的发展不是机械的照抄照搬，要充分考量国家发展水平、人民综合素质和民族文化传统等综合性因素。正如习近平总书记所强调的："不是国家治理体系越完善，国家治理能力自然而然就越强。纵观世界，各国各有其治理体系，而各国治理能力由于客观情况和主观努力的差异又有或大或小的差距，甚至同一个国家在同一种治理体系下不同历史时期的治理能力也有很大差距。"[1] 坚持守正，就要立足

---

[1] 中共中央文献研究室编：《习近平关于全面深化改革论述摘编》，中央文献出版社2014年版，第28页。

中国制度发展的具体实际，既要对国家所处的发展阶段有清醒认识，明确我国仍处于社会主义初级阶段的基本国情没有变，社会发展不平衡不充分的问题仍然突出；又要坚持中国特色社会主义制度和国家治理体系建设长期积累形成的正确经验和科学原则，将党的全面领导贯穿国家治理体系和治理能力现代化始终，在以习近平同志为核心的党中央的坚强领导下完善和发展中国特色社会主义制度，推动治理体制机制的变革。

坚持创新，就要积极探索、大胆实践，在制度执行中把制度优势转化为治理效能。制度的生命力在于执行。制度形成后，只有在严格规范的贯彻执行中才能维护其严肃性和权威性，发挥制度的作用和效果。习近平总书记明确指出："必须一手抓制定完善，一手抓贯彻执行。"① 在制度执行中推动制度优势向治理效能的转化，要构建系统完备的制度规范体系、实施体系、监督体系和保障体系等。其中，科学的制度规范体系，为制度的运作执行和有序运转提供了科学完备、统一权威的规则支撑，为治理主体的治理活动提供了基本遵循；高效的制度实施体系，确保各项体制机制得到全面有效的推进实施，做到有令必行、令行禁止，以依法

---

① 习近平：《论坚持全面依法治国》，中央文献出版社2020年版，第154页。

行政服务社会治理实践，维护社会主义制度的生命与权威；严密的制度监督体系，用制度的力量规范与约束权力的行使，通过法治监督促进公共权力权威性和公信力的提升，推动国家治理朝着规范化与现代化方向发展；系统完备的制度保障体系，既涵盖党领导国家治理的政治保障与组织保障，又包括高素质基层治理工作队伍与人才保障，还包括现代技术与法治信息化建设等方面的保障，为推动国家治理能力现代化提供有力支撑。

## 五、坚持守正创新依靠顽强斗争打开事业发展新天地

全面建设社会主义现代化国家，是一项伟大而艰巨、危险与机遇并存、希望与挑战共生的事业。以中国式现代化全面推进中华民族伟大复兴的历史时期，也是国家发展进入战略机遇和风险挑战并存、不确定难预料因素增多的时期。在守正创新中全面推进中华民族伟大复兴，要"全力战胜前进道路上各种困难和挑战，依靠顽强斗争打开事业发展新天地"[①]。

---

① 习近平：《高举中国特色社会主义伟大旗帜　为全面建设社会主义现代化国家而团结奋斗——在中国共产党第二十次全国代表大会上的报告》，人民出版社2022年版，第27页。

## 守正创新

（一）坚持守正创新坚定斗争意志增强推进中国式现代化的精神力量

伟大事业需要伟大精神，伟大精神成就伟大事业。在伟大斗争中走好中国式现代化道路，既是物质力量的竞逐，也是精神力量的较量。中国共产党人伟大斗争精神孕育、形成与发展的历史，包含于中国式现代化道路探索的历史性实践之中，赋予共产党人顽强意志和精神力量。在中国式现代化建设新征程上开展具有许多新的历史特点的伟大斗争要坚持守正创新，发扬斗争精神，筑牢实现中华民族伟大复兴的精神基石。

在伟大斗争中增强实现中国式现代化的精神力量要坚持守正创新。坚持推进伟大斗争是党和国家建设中刀刃向内的内生性命题，能否在守正创新中持续进行伟大斗争直接关系到党和国家事业的兴衰。"中国共产党是敢于斗争、敢于胜利的伟大政党。"[1] 革命性和战斗性是共产党人一以贯之的政治品格，"勇于自我革命，从严管党治党，是我们党最鲜明的品格"[2]。中国

---

[1] 习近平：《决胜全面建成小康社会 夺取新时代中国特色社会主义伟大胜利——在中国共产党第十九次全国代表大会上的报告》，人民出版社2017年版，第69页。

[2] 习近平：《决胜全面建成小康社会 夺取新时代中国特色社会主义伟大胜利——在中国共产党第十九次全国代表大会上的报告》，人民出版社2017年版，第26页。

## 第六章 在守正创新中以中国式现代化全面推进中华民族伟大复兴

共产党超强的自我革命能力,适应于党和人民各阶段的伟大事业,熔铸于一百多年来历代党员勇于自我革命、敢于斗争的精神与行动。中国共产党人坚持守正创新推进伟大斗争,既是提升自我革命能力的需要,也是把握好中国特色社会主义建设事业的"关键少数"的必然。守正创新推进具有许多新的历史特点的伟大斗争,就是要在自我净化、自我完善、自我革新与自我提高的斗争实践中保持精神主动,促进中国共产党政治领导力、思想引领力、群众组织力以及社会号召力的全面提升。

坚持守正,就是要继承和发扬斗争精神,增强全党全国各族人民的志气、骨气、底气。中国共产党革命性和战斗性源于百年来中国共产党党员持续推进的伟大斗争实践。中国共产党历来不乏勇于斗争、坚持奋斗的民族脊梁,习近平总书记在对周恩来同志的评价中就指出:"周恩来同志的一生,以自己的实际行动实践了这些自我革命、永远奋斗的誓言。"[1] 一代代中国共产党人坚持以时代先锋、人民公仆为追求,推动中国共产党成为始终走在时代前列、人民衷心拥护的马克思主义执政党,共同塑造了中国共产党的斗

---

[1] 习近平:《在纪念周恩来同志诞辰120周年座谈会上的讲话》,人民出版社2018年版,第14页。

争本领和奋斗品格。坚持守正,就是要继承和发扬敢于斗争、勇于自我革命的精神传统。将伟大斗争的精神力量深嵌于每一位共产党员的内心世界,筑牢全党不懈奋斗的精神支柱,并通过党员持续而彻底的伟大斗争,凝聚起党在中国式现代化建设中的强大领导力量。

坚持创新,就是要勇于进行具有许多新的历史特点的伟大斗争,以实际行动发扬伟大斗争精神。新征程上,中国共产党仍然面临着诸如政党先进性弱化、党员初心使命背离、执政根基动摇等严峻挑战,"党的自我革命任重而道远,决不能有停一停、歇一歇的想法"①。党员是政党的脊梁,党员队伍建设与政党能力建设具有高度统一性。在一定意义上,党员自我革命的彻底程度决定了政党建设进程的推进高度,也直接影响着全党能否继续保持钢铁般的精神斗志,实现第二个百年奋斗目标。因此,在创新中进行具有许多新的历史特点的伟大斗争,关键在党,关键在每位党员"增强忧患意识、责任意识,把党的伟大自我革命进行到底"②。全党要继续发扬自我净化、自我完善、自我

---

① 《全党必须始终不忘初心牢记使命 在新时代把党的自我革命推向深入》,《人民日报》2019年6月26日。
② 《切实贯彻落实新时代党的组织路线 全党努力把党建设得更加坚强有力》,《人民日报》2018年7月5日。

## 第六章 在守正创新中以中国式现代化全面推进中华民族伟大复兴

革新、自我提高的自我革命精神，要敢于将自己作为革命对象，不断提升面对主观诱惑与客观难题时自我革命的斗志与气魄，在伟大斗争的持续推进中更好应对重大挑战、化解重大风险、破除重大阻力、破解重大矛盾。

（二）坚持守正创新在伟大斗争中牢牢掌握现代化发展和安全主动权

在中国式现代化建设中，世情、国情、党情复杂严峻。外部环境变化迅速，改革、发展、稳定风险复杂多样，我国发展既面临前所未有的机遇，也面临前所未有的挑战。只有坚持守正创新，依靠伟大斗争维护好国家主权、安全和发展等核心利益，才能在前进道路上保持国家政治制度和社会大局稳定，为社会经济可持续发展提供保障。

在伟大斗争中牢牢掌握现代化发展和安全主动权要坚持守正创新。中国特色社会主义进入新时代，我国社会主要矛盾的变化、历史方位的变迁以及国际局势的调整等都将对国家发展和安全的追问延伸到新的时空维度，对守正创新的理解与运用也必然围绕新的时代课题而展开。在政党层面，随着全面建设社会主义现代化国家的推进，政党建设与国家建设间的内在联结亟待进一步加强。在民族层面，中华民族伟大复兴的历史征程逐渐成为世界各国关注的焦点，如何在复兴征程中提升中国的国际地位，如何在逆全球化潮流中推动国家间互信合作、管控分歧，这些都构成了把握守正创新的现实问题。在人民层面，实现人民对美好生活的向往是中国式现代化建设的出发点和落脚点，只有从守正创新的层面思考新时代社会主要矛盾的发展变化，才能使美好生活的建设从自发走向自觉。

坚持守正，就是要在斗争中维护国家尊严和核心利益，牢牢掌握我国发展和安全主动权。在斗争中掌握主动、维护好核心利益，这是中国共产党战胜敌人的宝贵经验。在大革命失败以及右倾机会主义错误的惨痛教训中，中国共产党明确了只有坚持武装斗争，坚持对革命的领导权，才能把握近代中国革命的话语权与主动权，才能在波诡云谲的近代中国实现政党革命力量的存续与发展。在新征程上掌握国家发展和安全主动权，同样要坚持斗争。一方面，要坚强应对外部势力的遏制打压和无理干涉，克服民族复兴进程中的阻滞力量，为实现中华民族伟大复兴提供多维支持。另一方面，要勇于自我革命，以党的自我革命引领社会革命。在党的自我革命中开展政治、思想、组织、作风、纪律和反腐败伟大斗争,加强全面从严治党、应对"四大考验"、防范"四种危险",为推进中国式现代化事业营造清新爽朗的内部环境。

坚持创新,就是要做到居安思危、未雨绸缪,加强制度建设更好应对发展环境变化。伟大斗争关涉执政党建设、中国特色社会主义实践乃至人民生活的未来发展。更好应对发展环境的变化,要坚持稳中求进,在制度创新上精准发力。民主集中制作为中国共产党的根本组织制度,以民主的政治原则和民主集中的组织原则贯穿于中国共产党各领域的建设实践,也影响着中国社会的改革发展进程。一方面,要充分贯彻民主集中制的政治和组织原则。要引导全体党员深化对民主与集中辩证关系的认识,促进全体党员提升政治意识,牢固政治站位,严格政治纪律,遵守政治规矩,在民主集中理论与实践的共同推进中不断开辟党的自我革命新的伟大斗争。另一方面,要将民主集中制的根本组织原则贯彻落实于政党与国家的改革全局,以党的伟大自我革命推动新时代伟大的社会革命。要提升自我革命的积极性、主动性和创造性,促进全党智慧和精神力量的充分涌流,在党内推进彻底的自我革命的基础上,带动新时代社会革命,依靠民主集中制促进两大革命同频共振、良性互动。

（三）坚持守正创新增强斗争本领实现高质量发展和高水平安全的良性互动

实现高质量发展与高水平安全在更大范围、更高层次上的相辅相成、良性互动，既要坚守国家总体安全观统筹发展和安全，又要积极构建全方位立体化的公共安全网，为中国式现代化建设的纵深推进保驾护航。

在现代化建设中实现高质量发展和高水平安全的良性互动要坚持守正创新。国内外局势的安全稳定与否，是决定党和国家政策能否实施以及效果优劣的重要影响因素。兼顾国家发展和安全是党的优良传统，也是改革开放纵深推进的成功经验。改革开放以来，中国共产党明确了和平发展的时代主题，在保障我国安全环境的基础上为改革开放的纵深推进提供了风险预防。当前中国的安全与发展环境更加复杂，既有历时性维度上传统安全问题和新危机的交叉共存，也有共时性维度上领域不同、特点各异的矛盾问题。这说明，在推进中国式现代化中，必须继承和创新中国共产党兼顾发展与安全的成功经验，既要坚守发展作为党执政兴国的第一要务，同时也要强化底线思维，划清发展改革的领域，明确改革开放的程度，谋划好对

## 第六章 在守正创新中以中国式现代化全面推进中华民族伟大复兴

外开放的进度，处理好经济建设放与管的关系，尤其对于在国民经济体系中占据主导地位的经济领域，应时刻警惕国际金融资本的渗透与掠夺，进而推动构建合理的经济政策与制度化的危机预警和处理措施。

坚持守正，就是要坚守国家总体安全观，处理好发展与安全的辩证统一关系。总体国家安全观是统筹发展和安全，以国家利益至上为原则，以维护人民安全为宗旨，涵盖政治、经济、军事、科技、文化、社会和国际安全等各领域安全要求的思想体系。实现高质量发展和高水平安全的良性互动，要完整、准确、全面把握总体国家安全观，并将其作为基本原则贯彻落实于治国理政各领域、各环节。要善于用总体国家安全观分析形势、预测风险、布局战略，从维护国家利益和人民安全视角出发设计政策，防范和化解影响我国现代化事业的各类风险，提升社会经济发展的科学性、稳定性和可持续性。要坚持安全与发展双轮驱动服务现代化建设，进一步推动国家总体安全社会环境与高效高速的经济发展相促进，为全面建设社会主义现代化国家提供安全稳定的社会环境。

坚持创新，就要推进国家安全体系和能力现代化，在现代化建设中更好维护国家安全和社会稳定。习近平总书记在党的二十大报告中强调："国家安全是民族复兴的根基，社会稳定是国家强盛的前提。必须坚定不移贯彻总体国家安全观，把维护国家安全贯穿党和国家工作各方面全过程，确保国家安全和社会稳定。"[①]在现代化建设中更好维护国家安全和社会稳定，一是要健全国家安全体系，坚持在党中央的集中统一领导下，协调国家安全工作，完善安全保障体系，构建国家安全防护体系。二是要增强维护国家安全能力，坚持重点突破、整体布局、系统防护的建设原则，增强党员领导干部统筹发展和安全能力，构筑国家安全人民防线。三是要提高公共安全治理水平，坚持安全第一、预防为主，推动公共安全治理体系、国家应急体系、生物安全监管预警防控体系的协调配合，推动各级各类安全治理体系转化为公共安全治理能力。四是要完善社会治理体系，既要推动社会治理重心向基层下移，在基层社会治理中处理和解决矛盾纠纷，也要积极构建政府治理与居民自治之间的良性互动关系，调动起各类主体在社会治理中的积极性、主动性与创造性，既维护好社会公平正义，又营造安全稳定的社会生活环境。

---

[①] 习近平：《高举中国特色社会主义伟大旗帜 为全面建设社会主义现代化国家而团结奋斗——在中国共产党第二十次全国代表大会上的报告》，人民出版社2022年版，第52页。

# 后 记

学习宣传贯彻党的二十大精神是当前和今后一个时期全党全国的首要政治任务。深入开展党的二十大精神研究阐释，加强对习近平新时代中国特色社会主义思想的世界观和方法论的系统性研究和学理性阐释，具有十分重要的意义。

本书聚焦"守正创新"这一重大理论和现实问题，由中国人民大学党委常委、副校长，教育部"长江学者"特聘教授，中国人民大学马克思主义学院教授王易设计写作框架，并负责统稿和定稿。参与写作和校对工作的有单文鹏、杜玥、倪圣茗、孟维嘉、林炜、朱惠羽。在本书写作工作中，参阅了许多专家学者的研究成果，得到了商务印书馆多位专家和编辑的大力支持，在此一并表示衷心的感谢。

由于时间和水平所限，书中疏漏和不足之处在所难免，还望广大读者、同仁不吝批评指正。

王易

2023 年 1 月

图书在版编目(CIP)数据

守正创新/王易著.—北京：商务印书馆，2023
（道理学理哲理·党的创新理论研究阐释丛书/董振华主编）
ISBN 978-7-100-22292-1

Ⅰ.①守… Ⅱ.①王… Ⅲ.①中国共产党—党的建设—研究 Ⅳ.①D26

中国国家版本馆CIP数据核字（2023）第062273号

权利保留，侵权必究。

道理学理哲理·党的创新理论研究阐释丛书
**守正创新**
王易 著

商 务 印 书 馆 出 版
（北京王府井大街36号 邮政编码100710）
商 务 印 书 馆 发 行
北京通州皇家印刷厂印刷
ISBN 978-7-100-22292-1

| 2023年4月第1版 | 开本 850×1168 1/32 |
| 2023年4月北京第1次印刷 | 印张 7¼ |

定价：49.00元